CUBA: UNA LITERATURA SIN FRONTERAS
CUBA: A LITERATURE BEYOND BOUNDARIES

D1723126

TCCL
TEORIA Y CRITICA DE LA CULTURA Y LITERATURA
INVESTIGACIONES DE LOS SIGNOS CULTURALES
(SEMIOTICA-EPISTEMOLOGIA-INTERPRETACION)

TKKL
THEORIE UND KRITIK DER KULTUR UND LITERATUR
UNTERSUCHUNGEN ZU DEN KULTURELLEN ZEICHEN
(SEMIOTIK-EPISTEMOLOGIE-INTERPRETATION)

TCCL
THEORY AND CRITICISM OF CULTURE AND LITERATURE
INVESTIGATIONS ON CULTURAL SIGNS
(SEMIOTICS-EPISTEMOLOGY-INTERPRETATION)

Vol. 22

SUSANNA REGAZZONI (ed.)

CUBA:
UNA LITERATURA SIN FRONTERAS

CUBA:
A LITERATURE BEYOND BOUNDARIES

Vervuert - Iberoamericana - 2001

Die Deutsche Bibliothek - CIP-Cataloguing-in-Publication-Data
A catalogue record for this publication is available from Die Deutsche Bibliothek.

Este libro se publica con la contribución del Consiglio Nazionale delle Ricerche (CNR) y el gentil apoyo de la Università Ca' Foscari di Venezia.

Diseño interior: Tommaso Vistosi

© Iberoamericana, Madrid 2001
Amor de Dios, 1 – E-28014 Madrid
Tel.: +34 91 429 35 22
Fax: +34 91 429 53 97
iberoamericana@readysoft.es
www.iberoamericanalibros.com

© Vervuert, 2001
Wielandstr. 40 – D-60318 Frankfurt am Main
Tel.: +49 69 597 46 17
Fax: +49 69 597 87 43
info@iberoamericanalibros.com
www.vervuert.com

ISBN 84-8489-020-1 (Iberoamericana)
ISBN 3-89354-222-1 (Vervuert)

Depósito Legal: M. 20.498-2001

Diseño de la cubierta: Michael Ackermann
Fotografía de la cubierta: Obra de Teresa Volco, "De otros diluvios una paloma escucho"
© Alfonso de Toro
Impreso en España por Imprenta Fareso
Este libro está impreso íntegramente en papel ecológico sin cloro.

ÍNDICE

2. CREACIÓN

A MODO DE PRESENTACIÓN

La duda, la perplejidad, el desconcierto frente a la falta de identidad, a la superposición de las culturas, a la mezcla de razas parecen elementos que caracterizan la entrada en el nuevo milenio.

Este estado peculiar concierne también a todo lo que se refiere al mundo cubano en el sentido más amplio de la palabra. La identidad híbrida, el conflicto de dos lenguas, el desdoblamiento interior del exiliado (dentro y fuera de la Isla), el mestizaje endémico de la nacionalidad con una comunidad de residentes fuera de la Isla, que corresponde a más del quince por ciento de la población, de los cuales casi dos millones de cubanos viven en los Estados Unidos, caracterizan este mundo. Existe una promesa de reconciliación en la visión enriquecedora de una pluralidad de posibilidades de ser cubanos. Se trata de un universo fracturado entre la realidad próxima del exilio y la realidad distante de la isla para los que viven afuera y una condición de aislamiento dificultosa para los que viven dentro de Cuba, donde frustración y deseo caracterizan su cotidianeidad, junto a la existencia, además, de un ambiente cultural complejo y fecundo.

Por todo esto Cuba representa una "excepción cultural", que se destaca en el mundo hispánico, a causa de muchos factores, como la importancia que ha tenido la revolución para la difusión de la cultura latinoamericana y el enorme interés que hoy suscita su vivacidad artística e innovación estética.

Cubanía era condición perteneciente a la territorialidad; hoy en día se ha convertido en profesión de fe. El único regreso, la única realidad es la Cuba ahistórica, intemporal que se lleva dentro, patria personal e interior. La pluralidad del ser cubano es una promesa y una perspectiva enriquecedora.

Este volumen presenta una visión de la riqueza de la literatura cubana que se compone de distintas realidades culturales, puesto que se escribe en Cuba y fuera de Cuba.

Un grupo de investigadoras de distintos países analizan una serie de temas a propósito de la literatura de mujeres. Como es notorio, la mujer es la primera alteridad y la literatura femenina se funda por eso en la afirmación de la diferencia natural. Sin embargo, esto no significa que se dirija exclusivamente a las mujeres. Por el contrario. Ésta se coloca en continuo diálogo con la literatura *tout court*, relacionándose de forma especial con la de los que de alguna manera se sienten excluidos por el sistema.

El resultado del estudio pone de manifiesto una unidad que incluye dialécticamente al ser diferente así como supera el rechazo parcial de los que no se integran en la historia literaria oficial del país. Se trata de un reencuentro, como tema dramático o polémico; reencuentro como retorno al tiempo detenido en el recuerdo, con los familiares, con los amigos, a menudo decepcionante. La cubanidad persiste a pesar de todos los resentimientos y dificultades.

Este volumen, presenta, cronológicamente, ensayos —escritos en español y en inglés— que enseñan la pluralidad de las voces de escritoras cubanas que residieron y residen dentro y fuera de la Isla, negándose a reducir la complejidad cultural de este panorama a una interpretación homogénea del mundo, y más bien subrayando la posibilidad imprevisible de semejante realidad cultural.

El libro se cierra con el testimonio de escritoras cubanas: una entrevista de Mylene Fernández Pintado y dos cuentos de Mirta Yáñez y Nancy Alonso, todas residentes en La Habana. Es una muestra de escritura que logra desprenderse del momento contingente para enseñar una cultura que simboliza una problemática nacional con gestos paródicos tan eficaces como sus tonos irónicos en la tarea de desolemnizar el drama, de reelaborar el universo de su experiencia.

Como ya sugiere el título de un libro de actas de Janett Reinstädler y Ottmar Ette, que ilustra las nuevas tendencias en la literatura y cultura de Cuba, "la isla se ha multiplicado en muchas islas, sin perder su unidad transterritorial".

Susanna Regazzoni
Venecia, marzo de 2001

1. CRÍTICA

Cuba, Cubanidad y Cubanía
Identidad y escritura

Susanna Regazzoni (Venecia)

> *Yo vengo de todas partes*
> *y hacia todas partes voy.*
> J. Martí, "Versos sencillos", *OC* II: 255.[1]

Voces y lugares

La feria del libro madrileña del año 2000 puso de manifiesto el florecimiento de los libros escritos por y para mujeres y la auténtica eclosión de escritoras/res cubanos.

El nuevo "boom" de la literatura cubana se explica gracias a diferentes elementos; el primero se da por la importante tradición literaria dejada por célebres escritores como Lydia Cabrera, Alejo Carpentier, José Lezama Lima, Dulce María Loynaz, Virgilio Piñera, Miguel Barnet, Severo Sarduy, Cintio Vitier, Guillermo Cabrera Infante, Fina García Marruz, etc.; a esto se añade la atención internacional por todo lo que ocurre en la Isla, por los signos de crisis de un sistema de gobierno que ha sido un emblema para muchos intelectuales latinoamericanos, por sus nuevas posiciones políticas, por sus dificultades (el "período especial", las crisis de los balseros, el hostigamiento cada vez mayor desde Miami, la ley Helms-Burton, etc.), por su diáspora y por sus exilios, por la riqueza de elementos culturales proveniente de otros espacios como el africano —que no es el único— tan importante en la santería, la literatura, la música y el cine. Se destaca, además, la enorme fuerza de una literatura vital, en un territorio

---

[1] Con las siglas *Oc* me refiero a las *Obras Completas* de José Martí, *vid.* Bibliografía.

habitado por apenas diez millones de personas, con un acopio de artistas de calidad junto con una generación joven con una formación superior a la de cualquier otro país del continente.

La Isla representa un mundo caracterizado por la diversidad y la amalgama étnica, lingüística, religiosa, social, todos factores que comportan también una identidad dispersa, ambigua. La diáspora de los últimos cincuenta años, además, añade otro elemento a la múltiple composición de la cultura cubana que —aunque fragmentada— se forma por los cubanos que viven en el país y los que viven en el exilio, siempre en fuga, pero identificable al fin y al cabo.

El deseo de integrar elementos distintos de la realidad cultural de Cuba tanto del exilio como de la Isla, es un motivo que, en los últimos tiempos, recorre muchas iniciativas culturales del país. Unas cuantas antologías que han venido publicándose en estos últimos años que presentan nombres de artistas cubanos que viven en la Isla junto a residentes fuera del país, testimonian esta aspiración a una Cuba indivisa, sin discriminación alguna. Entre las muchas publicaciones que han empezado a reunir escritores que intentan una reconciliación, *Estatuas de sal*.[2] presenta un panorama muy vasto de escritoras nacidas en Cuba, desde el siglo XVIII, juntando las cubanas españolas, las cubanas norteamericanas, las que viven en la Isla con las que habitan afuera. Una de las últimas de esta serie es, por el momento, *Nuevos narradores cubanos* (Michi Strausfeld, 2000*)*, que, como explica el título, trata sólo de cuentistas, nacidos a partir de 1959, que viven mayormente o en la Isla, o en Miami o en Madrid.

Hay muchos escritores cubanos, y su variedad indica que no hay un discurso único, afirma José Miguel Sánchez (Yoss), un joven escritor que reside en La Habana, sin embargo, "sólo existe una literatura cubana", dice Roberto Uría, exiliado en Miami (*ibíd.*: 9).

La situación geográfica de la isla de Cuba marca los problemas del país. Colocada entre dos mundos culturales muy distintos, es decir entre la cultura hispánica y la norteamericana, Cuba constituye una total "marca hispánica". Existe un verdadero espíritu de frontera cultural subrayado mayormente también por cuestiones políticas. En efecto Cuba representa

---

[2] Mirta Yáñez / Marylin Bobes. (1996). *Estatuas de sal. Cuentistas cubanas contemporáneas*. La Habana: Ediciones Unión; Felipe Lábaro y Bladimir Zamora. (1995). *Poesía cubana: la isla entera*. Madrid: Editorial Betania; Heidrun Adler y Adrián Herr (eds.). (1999). *De las dos orillas: teatro cubano*. Madrid: Iberoamericana, Frankfurt am Main: Vervuert.

el límite norte de la cultura iberoamericana constantemente acometida, influida, penetrada por la cultura de los Estados Unidos. Eliseo Diego a este propósito explica en una entrevista:

> Cuando hablamos de Cuba hay que tener presente una circunstancia tremenda: la proximidad con los Estados Unidos. Los EE. UU. tienen una cultura muy ajena, muy seductora y además está cerca. Esa cultura es seductora porque tiene los componentes de la sensualidad. España es una cosa muy austera, pero por el contrario está muy enraizada en Cuba. Tengo admiración por la cultura anglosajona, pero eso no me impide tener la certeza más absoluta de que mi cultura, de raíz española, es mucho más rica, o al menos, tanto como lo pueda ser la otra. Y por eso es lo que me distingue a mí y a mi país de ellos (Clemente, 1993: 9).

Con el mismo intento de aclaración, otro autor del Caribe, José Alcántara Almánzar de Santo Domingo, declara

> L'idea di una identità caraibica mi pare chimerica. La patria in fondo è la lingua. Noi abbiamo convergenze forti con Cuba e Portorico, mentre distanze cospicue ci separano dalle Antille di espressione inglese e francese. Gli Stati Uniti hanno un forte influsso a livello popolare, ma la formazione culturale alta qui guarda piuttosto verso l'Europa, specie Spagna e Francia. E se l'unità latinoamericana è relativa e forse persino teorica, c'è comunque un radicato sentimento di fraternità con questi paesi, che ci ha avvicinati in varie occasioni, soprattutto in Messico (Manera, 2000: 241).

La difícil situación económica del país explica el hecho de que en los últimos años han empezado a publicar fuera de Cuba muchos narradores que permanecen en la Isla y que no se encuentran en una posición política privilegiada junto con los autores que viven fuera de Cuba, sobre todo en Miami[3] y Madrid, los tres centros culturales cubanos más importantes de hoy en día. En general son los escritores que viven y publican en Cuba los más desconocidos para el público internacional.

Exilio significa desarraigo, pérdida de la identidad nacional. A su literatura, con la mirada puesta en lo que se ha dejado, sigue, se añade o se

---

[3] El éxodo más destacado es hacia Miami; en 1980 unas 125.000 personas parten desde el puerto de Mariel, por esto a este grupo se le conoce como a "los marielitos", y constituye la segunda ola de migración después de la primera que fue nada más triunfar la revolución. En 1984 se funda la revista "Mariel", donde escriben los exiliados. En 1994, en el momento más difícil del "período especial" emigraron 35.000 balseros, considerada la tercera gran ola de emigrantes a Miami, ésta se compone de cubanos pertenecientes a clases más bajas y se dice que con ella el exilio a Estados Unidos toma "color" debido al gran numero de mulatos y negros que la componen.

acompaña otra literatura, que es la que se produce en el exilio, concebida como el desafío de la búsqueda de otra escritura, una escritura ya no sólo dependiente de una ruptura y de una añoranza, sino originada como resultado de la confrontación con otra realidad, como cambio. Esto ocurre a través de un proceso dialogado, donde se establece un constante intercambio entre la información que uno aporta y la nueva, recién asimilada. El expulsado tiene que cambiar su razonamiento habitual en un contexto desconocido, y de esta forma se vuelve creativo. Este dialogo (exilio/exiliado) que caracteriza el exilio no siempre acaba con el reconocimiento mutuo, la mayoría de las veces es más bien polémico, pero justamente allí se encuentra un potencial creativo.

Hay que recordar también que en la década de los años 60 los artistas que salieron de Cuba, se iban a un doble exilio puesto que las simpatías y el apoyo de los intelectuales en todo el mundo estaban con la Revolución Cubana; a los que se alejaban de ella se les consideraba como reaccionarios o contrarrevolucionarios.

La distancia de lo perdido y la nueva realidad extranjera estimulan o inhiben la expresión artística del emigrante / exiliado / desterrado. La voluntad de conservar el recuerdo de la patria abandonada para crear una continuidad cultural se acompaña con la postura opuesta, que es la que exige la ruptura con lo dejado y la asunción e integración completa en el nuevo país.

La literatura de temas cubanos tiene su origen entre escritoras/es que a menudo se vieron obligadas/os a vivir fuera de la Isla. Junto a la literatura que se inicia en torno a la tertulia que se reúne alrededor de Domingo Delmonte durante las primeras décadas del siglo XIX, surge otra que se escribe en Europa con escritoras como Gertrudis Gómez de Avellaneda y la Condesa de Merlín, y también en los Estados Unidos con José María Heredia, Félix Varela, Cirilo Valverde y José Martí. La tradición de artistas cubanos que viven en el extranjero continúa en la época de la República. Entre Cuba y los Estados Unidos se establecen relaciones especiales a raíz de la Enmienda Platt y después de la revolución castrista, el mayor número de intelectuales exiliados se encuentra en Norteamérica (Luis, 1999-2000).

Los personajes de narraciones escritas, por ejemplo, en los Estados Unidos, presentan un ser que se expresa en una personalidad norteamericana y cubana a la vez y/o alternativamente, y que demuestra las diferentes ópticas de las dos culturas en un mismo texto.

Otro aspecto interesante se refiere a la generación de los que abandonan Cuba siendo niños y no tienen la opción de quedarse o irse y se enfrentan con la difícil e indefinible problemática de la patria más intensamente que sus padres. Entonces el choque generacional, en esta situación se alimenta también del conflicto de las culturas políticas divergentes.

La mujer cubana residente fuera del país, sobre todo en los Estados Unidos, vive con mayor fuerza el conflicto de las contradicciones entre tradición cubana y la vida en la nueva nación. Al perder sus importantes lazos familiares, busca un nuevo equilibrio a través de recuerdos, relatos y reconstruye su rol a través de sus experiencias de exilio.

En fin, hay que recordar que la producción en Cuba tiene una historia y un desarrollo mayor de lo que se edita fuera del país, que pertenece también a la cultura cubana aunque no participe en la historia literaria de la Isla.

La desaparición, en Europa, del campo socialista y el recrudecimiento del bloqueo por parte de los Estados Unidos han tenido profundas repercusiones en la vida de los cubanos, la drástica caída de la economía, la inicial reducción de los bienes disponibles hasta los límites de la supervivencia, el desencanto ante la fácil demolición de un mundo que parecía establecido para siempre sacudieron conciencias, modificaron conductas y valores.

Después de la caída del muro de Berlín y el posterior derrumbe de la URSS surge en Cuba lo que se denomina "Período especial en tiempos de paz", que supone un cambio social hacia formas de economía de mercado que, unido a la dolarización y a una fuerte escasez de divisas, así como a la necesaria apertura al turismo de masas, ha generado no pocas contradicciones y nuevos problemas.

En esta crisis han sido serias las dificultades para publicar y el consiguiente decisivo corte de sus oportunidades para los escritores. La importante industria estatal del libro en los años 80 alcanza una producción anual de unos 4.000 títulos, que equivale a 50-60 millones de ejemplares publicados, incluidos los libros escolares. Cuando Cuba deja de obtener subvenciones de la URSS y ayuda de los países del bloque soviético, la industria editorial cubana sufre un fuerte bajón, volviendo a los niveles de 1959[4].

Estos impedimentos han provocado una incertidumbre en los escritores que sufren dificultades materiales de todo tipo para poder escribir y para

---

[4] A este propósito es interesante el ensayo de Michi Strausfeld, "Isla - Diáspora - Exilio: anotaciones de la publicación y distribución de la narrativa cubana en los años noventa", en Janett Reinstädler/Ottmar Ette (eds). (2000). *Todas las islas la isla*, Madrid: Iberoamericana, Frankfurt am Main: Vervuert.

poder publicar y una de las razones del éxito del género del cuento se explica por esto, es decir que, debido a su brevedad, el cuento puede vencer con más facilidad estas dificultades y, además, al exigir una menor concentración, como explica Mirta Yáñez,[5] es más fácil de escribir y de publicar.

Algunas de las razones de la popularidad de la literatura cubana en el mundo, han de atribuirse a la crisis económica que ha obligado a los escritores a buscar salidas editoriales fuera del país; de esta forma la literatura de la Isla que desde la revolución castrista ha vivido una especie de aislamiento con respecto a los mercados internacionales, ahora publica la mayoría de sus libros en circuitos fuera del país. Junto con la búsqueda de nuevos espacios editoriales se encuentra también la participación en premios literarios como posibilidad de hacerse conocer y finalmente la publicación de antologías como la mejicana *El submarino amarillo,* la italiana *A labbra nude* y la española *La isla contada* que responden a la misma necesidad.[6]

Hoy resulta difícil para los escritores cubanos tener una visión amplia de lo que se escribe dentro y fuera de su país, puesto que no es fácil el contacto entre las distintas realidades culturales y las relaciones entre escritores que residen en tantos países distintos resultan complicadas.

La ruptura entre el escritor y las editoriales cubanas —todas estatales— ha permitido una mayor independencia del primero, una nueva perspectiva crítica o problemática con respecto al gobierno y el surgir de nuevas temáticas o la ampliación de algunas ya existentes. Entre éstas es muy frecuente una reflexión en torno a los lados oscuros de la sociedad y se encuentran historias de marginación, homosexualidad, corrupción, prostitución, desilusión. La falta de una verdadera reflexión sobre la sociedad cubana a nivel periodístico es una de las causas del porqué esta reflexión se traslada a la narrativa y de la presencia casi continua de la realidad más inmediata en la literatura. No se trata, desde luego, de una reflexión esté-

---

[5] Mirta Yáñez en 1997 me concedió una entrevista que se publicó en S. Regazzoni. (1998). "Escritoras cubanas: Mirta Yáñez", en *Studi di letteratura ispano-americana.* 30: 95-105.

[6] Hay que anotar que todas estas antologías como las citadas: Padura, Leonardo (compilador). (1993). *El submarino amarillo. Cuento cubano 1966-1991. Breve antología.* México: Ediciones Coyoacán/UNAM; López Sacha, Francisco (compilador). (1996). *La isla contada.* Donostia: Tercera Prensa-Hirugarren Prentsa S.L.; Manera, Danilo (a cura di). (1995). *A labbra nude. Racconti dell'ultima Cuba.* Milano: Feltrinelli; marcan el nuevo éxito de la literatura cubana en el mundo.

tica sino más bien de consideraciones ético-políticas. Fleites y Fuentes escriben que se trata de una literatura más atenta a la noticia que a los problemas y que subraya, mayormente, el dato ideológico —casi siempre de tipo crítico—, hoy en día distinto y contrario al de los años 70, sin haber pasado a través del necesario filtro de la elaboración estética (Fleites, Padura Fuentes,1998).

Otras de las consecuencias de la crisis económica en la isla —explica Idalia Morejón Arnaiz— ha sido el considerable éxodo de artistas y escritores hacia otros países, en busca de mejores condiciones de vida para desarrollar su trabajo. Así, en una cadena que aún hoy parece infinita, dicho éxodo ha provocado el interés político internacional por conocer los resortes que en el plano cultural corresponden con los aspectos generales del fenómeno. El establecimiento de pintores, músicos, narradores y poetas en importantes centros productores de cultura como México, España y Estados Unidos también ha propiciado que, la poesía cubana (y la cuentística) se haya difundido a través de las antologías (Morejón Arnaiz, 1995: 78).

En este contexto se ha dado por discutir el concepto de "Cubanidad", ésta a veces se da por los elementos más visibles o de alguna forma más exóticos para el lector extranjero —europeo o norteamericano—; entre éstos una elección puede ser la de la liturgia negra, que tiene una importante tradición en la literatura afrocubana, ejemplos clásicos de esta modalidad son Lydia Cabrera, Nicolás Guillén y también Alejo Carpentier; hoy en día es Mayra Montero, cubana de nacimiento pero residente en Puerto Rico desde su primera juventud, quien adopta este tipo de narración.

La literatura del exilio se alimenta mucho de la santería afrocubana, mezcla de mitologías africanas junto con la católica, y resulta una manera de poner énfasis en la "Cubanidad" o sea en la ritualidad, en la magia. Esta práctica es importante, puesto que significa la esperanza de encontrar ayuda de fuerzas sobrehumanas para poder seguir viviendo, para hallar soluciones en las numerosas dificultades de la vida de un exiliado.

Dulce María Loynaz a la pregunta si se siente cubana o española como se la consideró un tiempo, contesta

La pregunta es un poco capciosa. La nacionalidad de un escritor ha sido con frecuencia cosa muy elástica y por tanto, objeto de polémicas. Y es que en efecto, nadie se ha puesto de acuerdo todavía sobre qué factor o factores determinan tal nacionalidad. Y parece ser que al escritor se le exige mayor número de requisitos que a cualquier otra notabilidad en cualquier otro campo, ya sea el arte, la ciencia, la política y hasta los deportes. Entre estos factores, es sin duda, el lugar de nacimiento uno de los más decisivos, y si el escritor llega a hacerse famoso, es el que se apresura a alegar la región que lo vio nacer, aunque como en el caso de Rubén Darío, haya pasado toda la vida fuera de allí y no nombre a Nicaragua más que una sola vez —y eso de pasada— en toda su vasta obra. No obstante los nicaragüenses no han reclamado en vano su obra; el hecho del nacimiento ha primado sobre los demás y a nadie se le ocurre decir Rubén Darío es español, o francés o argentino. Por lo que he visto es más la tierra la que reclama al escritor, y no el escritor quien reclama la tierra. O al menos es aquella la que lo hace con más eficacia. En mi caso —y ya que se me formula la pregunta refiriéndola a mi persona— debe tenerse en cuenta no sólo el hecho del nacimiento, si no también otro muy importante, y es que tengo tres o cuatro generaciones de ascendientes cubanos por detrás de mí, y de cubanos que casi todos pelearon por Cuba y a Cuba le sacrificaron muchas cosas (Martínez Malo, 1993: 69).

En las actuales sociedades complejas se empieza a aceptar que la unión con la tierra de nacimiento pertenece a los valores fundamentales de la humanidad. Además, si el concepto de cultura se considera como una reflexión alrededor del sistema simbólico que sustenta una determinada realidad social y la provee de una fisionomía, entonces la idea de lugar de origen presenta una enorme variedad de sentidos. La unión con el mundo de las raíces, o más bien, la memoria como instinto del rumbo o modalidad y orientación en el conocimiento de la realidad está considerada, hoy en día, como una de las acciones y significados principales de las artes y también como mecanismo de autoconservación de las sociedades a través de dos momentos: el de la producción de lo nuevo y el de la conservación y selección de lo tradicional o como diría Luhmann "cultura como memoria de los sistemas sociales" (Pasinato, 2000).

Definir lo cubano o la "cubanía" ha sido una búsqueda ardua y difícil repetidamente emprendida por estudiosos desde los primeros intentos republicanos y hoy en día muy presente en los escritos críticos que se ocupan de la cultura cubana. Cintio Vitier a este propósito ha afirmado acertadamente que la esencia de lo cubano posee

La calidad evasiva de un imponderable —añadiendo que— no hay una esencia inmóvil y preestablecida, nombrada lo cubano, que podamos definir con independencia de sus manifestaciones sucesivas y generalmente problemáticas, para después decir: aquí está aquí no está. Nuestra aventura consiste en ir al descubrimiento de algo que sospechamos, pero cuya identidad desconocemos. Algo, además, que no tiene una entidad fija, sino que ha sufrido un desarrollo y que es inseparable de sus diversas manifestaciones históricas (Vitier, 1970: 18).

La Cuba de los escritores exiliados es tan viva y real como otras representaciones de la Isla. En efecto, con respecto a los estudios que se ocupan de comprender lo cubano sería útil hablar de culturas transplantadas ya que la realidad cubana no se encuentra sólo en la Isla. Lo que une en ambos casos a los que se fueron y a los que se quedaron se nutre más que nada de ilusión y deseo y si existe cierta tensión entre estos grupos tiene más que ver con dogmatismos que intentan fijar la identidad cubana.[7]

Se trata, en fin, de dos realidades: una dentro del país, circunscrita a los parámetros de la revolución, y otra en el exterior, condicionada por las circunstancias del exilio.

Hay que añadir, además, que el exilio se encuentra en una situación preferencial para analizar y representar su identidad. La distancia que le ofrece el destierro sirve para entrar en los meandros de la tierra de origen con mayor eficacia.

Es importante subrayar, por último, cómo la situación político cultural de la Isla, al vivir un momento histórico de pasaje y de espera, presenta un sorprendente continuo cambio.

La perspectiva histórica facilita la elección de los nombres, mecanismo que se vuelve más difícil a medida que se acerca la contemporaneidad.

Para completar este estudio, me parece interesante presentar a dos escritoras cubanas —Mirta Yáñez y Mayra Montero— una residente en La Habana y otra en San Juan de Puerto Rico, respectivamente representantes de esas dos realidades de que se ha venido hablando, además de un escritor, Abilio Estévez, residente en La Habana, que, sin embargo, ha publicado su libro más importante en Madrid desde donde se ha dado a conocer a un amplio público europeo.

Cada una/o de estas/os escritoras/es refleja la presencia de muchos de los temas aludidos y el dominio de diferentes técnicas narrativas junto con una variedad de registros extraordinaria: hay crítica y humor, parodia y poesía, reflexión y parábola.

ABILIO ESTÉVEZ

Abilio Estévez (La Habana, 1954) es dramaturgo (*La verdadera culpa de Juan Clemente Zenea*, 1987; *Un sueño feliz*, 1992; *Perla Marina*, 1993; *La noche*, 1994), poeta (*Manual de las tentaciones*, 1984), escritor de cuentos (*Juegos con Gloria*, 1987; *El horizonte y otros regresos*, 1998) y críti-

---

[7] Ente los muchos estudiosos que se han ocupado de la que se ha venido llamando "literatura de las dos orillas" es interesante el ensayo de Laureano Corces: "Más allá de la isla: la identidad cubana en el teatro del exilio", en Adler, Heidrun / Herr, Adrián (eds.). (1999). *De las dos orillas. Teatro cubano*, Frankfurt am Main: Vervuert, p. 59.

co literario. En la actualidad es asesor del Instituto Cubano de Cine y miembro del Consejo de redacción de la revista literaria "La Gaceta de Cuba".

Tuyo es el reino (1997) es el título de la primera novela de este autor, obra muy bien recibida por la crítica, ya traducida a varios idiomas, definida como un laberinto textual basado en un discurso polifónico.

Compuesto por cuatro capítulos (I: "Una noche en la historia del mundo"; II: "Mi nombre es Scherazada"; III: "Los fieles difuntos"; IV: "Finis gloriae mundi".) y un epílogo que lleva el título de la "Vida perdurable", además de un epígrafe: "Maestro ¿qué debo hacer de bueno para alcanzar la vida eterna?" (Mateo, 19,16); el libro presenta una narración en forma de monólogo, de diálogo y en todas las formas posibles, de una primera persona que se confunde con un tú y un él y que al final resulta ser la de Sebastián, uno de los muchos personajes, que tiene 14 años en 1958 y que posteriormente decide escribir la historia de ese tiempo.

La época de la acción es la que discurre desde finales de octubre de 1958 hasta el último día de ese mismo año, cuando el ejército revolucionario entra en La Habana y los hechos tratan las vicisitudes de una comunidad que vive en una finca llamada simbólicamente "La isla". Ésta queda a poca distancia de La Habana, está rodeada de un lugar conocido como el "Más Acá" y de una vegetación exótica y exuberante, habitada por unos personajes inquietos e inquietantes, a la espera de un acontecimiento que cambiará para siempre sus existencias. Todos los personajes de la Isla llevan nombres que remiten a un significado simbólico y la dimensión simbólica estructura el texto. Entre éstos está la Condesa Descalza, cuyo destino es anunciar la llegada de las desgracias; Casta Diva, cantante que no ha podido expresar su arte; Berta cuya vida está dedicada a la religión, en su sincretismo y mezcla de cristianismo y ritos africanos; Rolo, el sabio librero enamorado de la literatura y de los jóvenes cuerpos de los muchachos.

A pesar de las dificultades, el autor logra no caer en la trampa de una postura ideológica, y evita la polémica relativa a los logros o empeoramientos de la transformación política. Se trata, en cambio, de subrayar la llegada de una revolución sustancial, de algo que puede resultar desastroso o —a lo mejor— no, en una atmósfera rica de presagios, de expectativas, de cambios. El símbolo central de este clima es el personaje del Herido, herido por saetas, como el célebre santo, que de pronto aparece en el jardín. De modo igualmente misterioso figura el Marinero, imagen fácilmente comparable con la de Coleridge. El yo narrador —Sebastián—, el Herido y el marinero acaso representan la misma persona.

A medida que la historia se adelanta, la ambivalencia de las relaciones entre las voces de los personajes y la del narrador y entre narrador y autor aumenta hasta que la modalidad metaliteraria llega al final a ser excesiva, en el epílogo. El narrador se interpone de continuo en la acción "Escribo pues"[8] y desde el principio apunta: "Nada de esto sucede: nos encontramos en una novela" (p. 24), para declarar más tarde: "Al comenzar este párrafo se deberá escuchar un graznido para que las tres mujeres se santigüen" (p. 52) y rompe el tradicional pacto de lectura establecido entre autor y lector: "Si el lector no propone otra cosa, podrían ser las cinco de la tarde" (p. 38); o más adelante donde se nota un rápido cambio de registros y voces narradoras: "Y el tío Rolo, que es un personaje de novela, apaga la luz. Esta noche no dormiré dice, y se queda dormido del modo en que suelen dormir (desapareciendo) los personajes de novela" (p. 48).

La novela se construye alrededor de la imagen mítica de la Isla, que en esta historia se relaciona con la finca, representando el mundo de los personajes pero también la isla de Cuba, símbolo por excelencia del elemento insular muy presente en la literatura latinoamericana, ofreciendo a la vez una capacidad de realidad y mito.

Libro difícil, denso, interesante, cuya construcción compleja y escritura articulada en contrastes, limpia, ajustada, punzante presenta una multitud de voces y perspectivas que tratan de reproducir la totalidad de la realidad cubana de los últimos meses de la era Batista.

Abilio Estévez explica con gran arte el malestar e incertidumbre de la generación nacida con la Revolución, desorientada después de los cambios políticos de occidente y la crisis económica del país, y después de haber perdido la certidumbre de sus ideales. Para ilustrar lo dicho reproduzco parte de una prosa poemática de *Manual de tentaciones* que bien ilustra lo afirmado hasta aquí

Hubieras preferido no tener madre, padre, hermanos, la protección de una familia más o menos bondadosa. No ser un niño tímido, de buenos modales, limpio "el niño de Dios", como decía la vecina al verte jugando con el guiñol de cartón. ¿Para qué te desesperas si sabes que no podrías vivir sin la cama de sábanas blanquísimas, sin los libros, los perfumes y las lámparas? ¿Qué sería de ti si si te faltara la abnegada que trae la carta cerrada o la invitación para no sabes qué fiesta? Imposible apartarte de los muebles, los somníferos, la voz

---

[8] Estévez, Abilio. (1997). *Tuyo es el reino*. Barcelona: Tusquets, p. 104. Las citas siguientes de esta novela llevan sólo el número de la página entre paréntesis en el texto.

de María Callas cuya *Casta Diva* te prepara cada mañana para la jornada. Enloquecerías si te eliminaran los buenos días y el adiós. No, no puedes escapar. (...) vives en una isla a la que han llamado "perla del mar, estrella de occidente". Se han vedado para ti las calles nocturnas donde aparecer disfrazado de bandido, de marinero o de puta. Tampoco entrarás *au fond de l'Inconnu pour trouver du nouveau*, ni serás traficante de marfil, ni morirás a los veinticuatro años dejándole a la posteridad un escupitajo llamado *Les chants de Maldoror*. (...) Hablas con suma corrección. Nadie te condenará. Acaso en un breve sueño degollarás a tu madre y te divierten sus ojos asustados. A la mañana siguiente le darás un beso y le pedirás perdón por algo que ella ignorará. Ya sabemos: hubieras preferido ser un poeta maldito, pero *¡helas!*, no para cualquiera se abren las puertas del infierno (Estévez, 1999: 37-38).

MAYRA MONTERO

Mayra Montero (La Habana, 1952) trabaja como periodista en San Juan de Puerto Rico, ha sido corresponsal en Honduras, Guatemala, Nicaragua y gran parte de Centroamérica, fija principalmente su producción literaria de ficción en historias que presentan el Caribe como fondo. Tierra de encuentro de distintas culturas, paisaje plural donde cada variedad resulta de un complicado conjunto de atavismos y nuevas e inéditas formas de coexistencia de variadas identidades. Ha publicado su primer volumen de cuentos *Veintitrés y una tortuga* en 1981 y después las novelas *La trenza de la hermosa luna* (1987), *La última noche que pasé contigo* (1991), *Del rojo de su sombra* (1992), *Tú, la oscuridad* (1995), los cuentos *Aguaceros dispersos* (1996) y la novela erótica *Púrpura profunda* (2000), ganadora del premio Tusquets "la sonrisa vertical".

En 1998 publica *Como un mensajero tuyo*, cuya narración se desarrolla en la Cuba que la autora ha ido bordeando en las novelas anteriores. La acción se despliega en varias épocas. La primera se centra en 1920, año en el que Enrico Caruso amenazado de muerte y supuesto blanco de la explosión de una bomba en el Teatro Nacional de La Habana, desaparece sin explicación, vestido de Radamés. Esta parte de la construcción del libro es el resultado de una investigación conducida durante meses por parte de la autora en archivos y bibliotecas de La Habana, New York y Milán, además de la recopilación del recuerdo todavía vivo en la gente de La Habana que continúa evocando aquel hecho que impresionó la fantasía de la época y sigue grabado en la memoria colectiva hasta hoy. Otra línea de la historia, que se alterna con la primera, trata de la crónica —de estilo periodístico—, en 1952, de los sucesos acaecidos precedentemente, más exactamente del encuentro entre el célebre cantante de ópera y Ada Tetrina Cheng y de la apasionante historia de amor que nace entre los dos. Esta narración está a cargo de Enriqueta Cheng, fruto del amor de los amantes, por petición de la madre que quiere dejar constancia de lo que pasó y que dicta a la joven sus recuerdos; esta parte se realiza reflejando claramente el registro oral. Junto con los recuerdos de la madre, la cronista decide añadir el relato de una serie de entrevistas con las personas que de alguna manera participaron o fueron testigos de los acontecimientos de la época, ofreciendo, de esta forma, la variedad de los diferentes puntos de vista que impiden la certidumbre de una única verdad y la posibilidad de cualquier hipótesis. La novela se abre y se cierra con una tercera fecha, la de 1970, con la imagen de una ciudad que ha pasado por un fuerte cambio y se concluye con el testimonio de Enriqueta Cheng, ya mayor, pobre y sola.

Mayra Montero se adueña del espacio de tiempo vacío de una verdad conocida y reconocida que rodea la estancia del cantante en Cuba. Al hecho rigurosamente histórico de la llegada de Caruso en 1920 a La Habana —pocos meses antes de su muerte en agosto del mismo año en su ciudad natal— y de su oscura desaparición por un par de semanas, Mayra Montero añade una historia de amor que acompaña con los viejos cultos de las religiones secretas e iniciáticas de la misteriosa e inefable Cuba, que a la vez es china y mulata. El cuento de amor y la historia de estos ritos, además, encuentran cierto paralelismo con la misma historia de la ópera *Aída*, contribuyendo a la sensación de ineludible destino que preside toda la historia. La descripción del panorama donde se desarrolla la historia no pertenece al Caribe legendario y detrás del decorado creado por la imaginación europea, se encuentra una humanidad cuya riqueza y complejidad se ahogan en la miseria de una existencia difícil y un paisaje donde el calor domina. El procedimiento de escritura está conectado deliberada y conscientemente con una temática de tipo mítico y religioso que necesita un modelo más apto para enseñar que para comentar; en efecto, se trata de un discurso simbólico, puesto que describe un universo mágico.

La crónica periodística de un acontecimiento que permanece en la memoria de la ciudad, la historia del enredo amoroso y el cuento del sustrato de la cultura negra y china en sus oscuras prácticas misteriosas, constituyen los tres ámbitos que contribuyen a la construcción de la novela. En las novelas de Mayra Montero, en efecto, el mundo ancestral de una sociedad primitiva se relata siempre junto al mundo real, a través de una mirada atenta que subraya las condiciones sociales en que viven los personajes de sus historias. Además, la variedad de los elementos que enriquecen la narración es la misma de que está compuesta la isla, resultado de la superposición de distintas culturas, cruce de numerosas civilizaciones.

La novela prueba, una vez más, la habilidad de la autora en la mezcla de modalidades de escritura distintas así como su atención y constante interés hacia las múltiples creencias que conviven en Cuba, elemento insoslayable para comprender el país.

Especialmente en las novelas de Mayra Montero se advierte cómo su narrativa realiza el encuentro dialéctico entre tradición y cambio, con el añadido de la pluralidad que caracteriza el postmodernismo.

MIRTA YÁÑEZ

Mirta Yáñez es una de las voces más originales del actual panorama literario cubano. Profesora de la Universidad de La Habana, es narradora, poetisa y ensayista, una de las pocas autoras que, hasta en los años más difíciles para la escritura de mujeres en Cuba, se incluye en las antologías de cuentos. Ha realizado una intensa labor de crítica, promoción y compilación de la cuentística escrita por cubanas.[9] Su obra publicada se compone esencialmente de cuentos y de una novela *La hora de los mameyes* (1983), estas narraciones son una interesante muestra de desarrollo temático y estilístico.[10]

Diony Durán explica cómo la discusión alrededor de las investigaciones de género se produce dentro de un debate sobre la posmodernidad y la literatura del "postboom" y entre centro y margen (Durán, 2000: 61). Mirta Yáñez pertenece a la generación que protagonizó y realizó la revolución, la misma generación que en estos últimos años se ha percatado de que la realidad no es monolítica ni perfecta y

[9] Las publicaciones de Mirta Yáñez al respecto son la ya citada *Estatuas de sal. Cuentistas cubanas contemporáneas*, *Op. cit.*; (1996); *Cubana*. Boston: Beacon Press (1998); *Cuentistas cubanas contemporáneas*. Salta-Argentina: Editorial de Biblioteca de textos universitarios (2000); *Cubanas a capítulo*. Santiago de Cuba: Editorial Oriente (2000); *Habaneras*. Tafalla: País Vasco, Editorial Txalapata.

[10] Entre los libros publicados por Mirta Yáñez, la mayoría ya agotados y de difícil consulta, se encuentran: *Las visitas* (poesía, 1971), *Todos los negros tomamos café* (cuentos, 1979), *Serafín y su aventura con los caballitos* (novela para niños, 1980), *La hora de los mameyes* (novela, 1983), *Las visitas y otros poemas* (poesía, 1986), *El diablo son las cosas* (cuentos, 1988) *La narrativa romántica en Latinoamérica* (ensayo, 1990), *Una memoria de elefante* (testimonio, 1991), *Poesía casi completa de Jiribilla, el conejo* (poesía para niños, 1995).

que sobre ella se obraba más adecuadamente con los lenguajes posmodernos
—continúa Diony Durán— para abordar la dramática cotidianeidad, las zonas
de conflicto, lo diverso, la interdiscursividad de un diálogo también múltiple.
En el cuento cubano se produce una renovada conciencia crítica indagatoria y
desprejuiciada que los va desplazando del centro hacia la periferia en un movimiento continuo que aún perdura en los más jóvenes y recientes cuentistas
(*ibíd.*: 61).

Toda esta reflexión se conforma muy bien con la obra de esta escritora cuya trayectoria es ejemplar puesto que abarca un espectro temático muy
amplio. En uno de sus primeros cuentos, "Todos los negros tomamos café",
título sacado de una popular canción cubana, —anticipando de esta forma
un uso posmoderno que se pone en boga en los años siguientes— crea una
narradora intradiegética, de lenguaje vivaz, con la que rememora el momento de salir del mundo privado al público, que ofrece como espacio de
formación el de la Revolución. La narradora cuenta el contraste de una joven con su madre, la cual, condicionada por prejuicios morales, frena los
entusiasmos de su hija. El cuento se inserta en la temática relativa a la familia, en el contraste entre generaciones y resulta un cuadro referencial de
los primeros años de la Revolución, de la épica colectiva de las realiza-
ciones sociales, donde se pone de relieve muy bien la participación femenina.

El cuento "El diablo son las cosas" puede ser representativo de la segunda etapa temática de la escritora. Allí se narran las tensiones que pertenecen a las conquistas de género que tienen que superar el doble cerco
privado —familiar e individual— y social.

La novela de Mirta Yáñez *La hora de los mameyes* es un relato que de
cierta forma se inscribe en el género histórico. La narración se inserta en los
años que van de la así llamada "seudorepública" hasta la lucha insurreccio-
nal en la Sierra Maestra. Toda la acción transcurre en un pueblo —Cabo
Espuma—, narrada en una forma de contrapunto entre la primera y la tercera persona. El libro cuenta la historia de la abuela Eutemia, personaje principal, "lengua" de la comunidad. La mujer es la que se encarga de interpretar
e ilustrar los acontecimientos de Cabo Espuma "(...) la abuela Eutemia que
no sabía contar, pero estaba dispuesta a todo." (p. 10) y con una personalidad fuerte se vuelve su portavoz: "(...) había sido la única salvaguardia que
tuvieron los habitantes de Cabo Espuma" (p. 158). A la muerte de la abuela, todos los habitantes del pueblo quieren rendirle homenaje con un entierro de mucha distinción y honores, la oposición a este deseo desencadena la
rebelión final de la población. La Historia oficial se acompaña con la histo-

ria personal, individual, reafirmando una modalidad narrativa que se aleja de la tradicional novela histórica, ofreciendo una nueva variante.

Los últimos cuentos de Mirta Yáñez como "Versión original"[11], "Anagnórisis"[12], o el mismo "Nada, salvo el aire", presentado por primera vez en este libro, dan prueba de una transición hacia una modalidad narrativa distinta.

Superados los discursos relacionados con las temáticas de la definición de la identidad, el conflicto racial, lo contingente, el activismo político y lo auto-referencial, en los cuentos de Mirta Yáñez, se encuentra un libre e inventivo juego literario, un deseo de creación sin trabas ni mensajes.

El profundo dominio del idioma que le permite variar de registros, de lo popular a lo culto, se une con la acertada construcción de sus personajes. Irónica y humorística, su escritura ha logrado pasar de la "cuentística del deslumbramiento" a la narración referencial, a una escritura libre de lo contingente, postmoderna, como en el ya citado "Versión original", donde es patente la reescritura de un texto que pertenece al saber común, junto con el juego intertextual que demuestra la voluntad de complicidad con un lector más bien culto, que participa de la historia, que completa el significado del cuento, trabajando en las sugerencias del narrador. Mirta Yáñez elige el desenlace con mucho esmero y cuidado, midiendo atentamente el juego del avanzar de la historia, casi a la manera de un cuento policíaco y descubriendo, sólo al final, el carácter transgresivo del sentido profundo, último del texto.

Las/os autoras/es consideradas/dos se destacan por haber logrado, a través de distintas elecciones temáticas y estrategias discursivas, eludir el elemento contingente y desprenderse de los estereotipos —exotismo/erotismo, por ejemplo— que caracterizan la narrativa cubana más conocida entre el público internacional. La materia cubana alimenta estos relatos, pero nunca se reduce ni en la prédica ni se apoya en la denuncia política.

Isla de perfil étnico muy variado dentro de un mestizaje proveniente de la transculturación africana-europea, al que hay que añadir el elemento norteamericano, que aspira a unificar voces y posiciones en una cultura cubana que respete sus diversas manifestaciones

---

[11] Este cuento me lo regaló la autora cuando nos conocimos y se publicó por primera vez en Regazzoni, S. (1998). "Escritoras cubanas: Mirta Yáñez", *Op. cit.*

[12] Cuento que se publica por primera vez en la revista inglesa *Donaire* 15, noviembre de 2000, p. 59.

BIBLIOGRAFÍA

Obras

Estévez, Abilio. (1997). *Tuyo es el reino*. Barcelona: Tusquets.
— (1998). *El horizonte y otros regresos*. Barcelona: Tusquets.
— (1999). *Manual de tentaciones*. Barcelona: Tusquets.
López Sacha, Francisco (ed.). (1996). *La isla contada*. Donostia: Tercera Prensa.
Manera, Danilo (ed.). (1995). *A labbra nude. Racconti dell'ultima Cuba*. Milano: Feltrinelli.
Martí, José. (1983). *Obras Completas*. Vol. I-II. La Habana: Casa de Las Américas.
Montero, Mayra. (1992). *Del rojo de su sombra*. Barcelona: Tusquets.
— (1998). *Como un mensajero tuyo*. Barcelona: Tusquets.
Padura Fuentes, Leonardo (ed.). (1993). *El submarino amarillo. Cuento cubano 1966-1991. Breve antología*. México: Ed. Coyoacán/UNAM.
Yáñez, Mirta. (1980). *La Habana es una ciudad bien grande*. La Habana: Ed. Letras Cubanas.
— (1983). *La hora de los mameyes*. La Habana: Ed. Letras Cubanas.
— (1998). *Narraciones desordenadas e incompletas*. La Habana: Ed. Letras Cubanas.

Crítica

AA VV. (1998). *Mujeres latinoamericanas del siglo XX. Historia y cultura*. La Habana/Iztapalapa: Casa de Las Américas/Universidad Autónoma Metropolitana Unidad Iztapalapa.
Adler, Heidrun/Herr, Adrián (eds). (1999). *De las dos orillas: teatro cubano*. Frankfurt am Main / Madrid: Vervuert / Iberoamericana.
Clemente, José. (1993). "Eliseo Diego: Con la condena a María Helena Cruz Varela se condena el propio castrismo", en *ABC*, 7 de julio de 1993: 9-11.
Durán, Diony. (2000). "El otro habla: la escritura femenina", en: Reinstädler, Janett/Ette, Ottmar (eds). *Todas las islas la isla*. Frankfurt am Main / Madrid: Vervuert / Iberoamericana.
Fleites, Alex / Padura Fuentes, Leonardo. (1998). *Sentieri di Cuba. Viaggio nella cultura, nelle tradizioni, nei personaggi*. Milano: Pratiche Editrice.
Huertas, Begoña. (1993). *Ensayo de un cambio. La narrativa cubana de los 80*. La Habana; Ed. Casa de las Américas.
Lábaro Felipe / Zamora, Bladimir (eds). (1995). *Poesía cubana: la isla entera*. Madrid: Ed. Betania.
López Lemus, Virgilio. (1999). *Doscientos años de poesía cubana*. La Habana: Casa Ed. Abril.
Luis, William. (1999-2000). "El lugar de la escritura", en: *Encuentro* 15: 50-60.
Manera, Danilo (ed.). (2000). *I cactus non temono il vento. Racconti da Santo Domingo*. Milano: Feltrinelli.

Martínez Malo, Aldo. (1993). *Confesiones de Dulce María Loynaz*. La Habana: Ed. Unión.

Montero, Susana. (1989). *La narrativa femenina cubana 1923-1958*. La Habana: Ed. Academia.

Morejón Arnaiz, Idalia. (1995). "El boom de las antologías", en: *Unión* 15: 73-79.

Pasinato, Antonio (ed). (2000). *Heimat. Identità regionali nel processo storico*. Roma: Donzelli.

Regazzoni, Susanna. (1996). "El Caribe de Mayra Montero", en: Emilia Perassi (ed.). *Tradizione, innovazione, modelli. Scrittura femminile nel mondo iberico e americano*. Roma: Bulzoni.

— (1998). "Escritoras cubanas: Mirta Yáñez", en: *Studi di letteratura ispano-americana* 30: 95-105.

Reinstädler, Janett / Ette, Ottmar (eds). (2000). *Todas las islas la isla*. Frankfurt am Main/Madrid: Vervuert/Iberoamericana.

Riccio, Alessandra. (1996). "La cultura a Cuba a fine millenio", en: *Latinoamérica* 60: 15-40.

— (2001). "Ena Lucía Portela: presa y cazadora", en: *Revolución y Cultura. Suplemento literario* febrero: 11-13.

Strausfeld, Michi (ed.). (2000). *Nuevos narradores cubanos*. Madrid: Siruela.

Vitier, Cintio. (1970). *Lo cubano en la poesía*. La Habana: Ed. Letras Cubanas.

Yáñez, Mirta / Marylin Bobes (eds.). (1986). *Estatuas de sal. Cuentistas cubanas contemporáneas*. La Habana: Ed. Unión.

Yáñez, Mirta. (2000). *Cubanas a Capítulo*. Santiago de Cuba: Ed. Oriente.

Las antepasadas

Susanna Regazzoni (Venecia)

> *El corazón se me oprime, hija mía, al pensar*
> *que vengo aquí como una extranjera.*
> *La nueva generación que voy*
> *á encontrar no me reconocerá a mí,*
> *y a una gran parte de la generación*
> *anterior acaso yo no la reconoceré.*
> Condesa de Merlín, *Viaje a la Habana*[1]

LA CONDESA DE MERLÍN

Beatriz de Jústiz y Zayas, marquesa de Jústiz de Santa Ana (1733-1807), escribe en 1792 el *Memorial dirigido a Carlos III por las señoras de La Habana*, texto que la marquesa escribió para denunciar, ante el rey, la negligencia de las autoridades locales, en defensa de La Habana ante el ataque inglés. A raíz del mismo acontecimiento la autora escribió también *Dolorosa métrica espreción del sitio, y entrega de la Havana, dirigida a N. C. Monarca el señor Don Carlos tercero*; los dos textos son manifestación del sentido de conciencia de patria, testimonio de denuncia de una justicia ausente y expresan un original carácter transgresor con respecto a la estrategia discursiva femenina oficial[2]. Poco se sabe sobre esta escritora y muchas ambigüedades han acompañado su verda-

---

[1] Condesa de Merlín. (1922). *Viaje a la Habana*. La Habana: Librería Cervantes: 42; también la reproduce Álvarez-Tabío Albo, Emma. (2000). *Invención de La Habana*. Barcelona: Editorial Casiopea: 28.

[2] Cfr. Yáñez, Mirta. (2000). "Poetisas sí", en Yáñez, Mirta. *Cubanas a capítulo*. Santiago de Cuba: Editorial Oriente, pp. 19-74, donde se encuentra también la reproducción de parte de la poesía "Dolorosa métrica..." y también en Araújo, Nara. (1993). "La escritura fe-

dera identidad —como por ejemplo que su nombre era el seudónimo bajo el cual se escondía un escritor masculino— pero es importante subrayar que el más famoso texto existente sobre el asunto ha sido elaborado por una mujer.

La Habana sigue siendo ese mágico jardín que dos siglos atrás vieron los ojos de la Condesa de Merlín, primera mujer narradora cubana que, con excepcional mirada, describió la ciudad de La Habana como ese lugar seductor, fascinante en su esplendor o en su ruina, para el viajero sorprendido o incluso para los habaneros sempiternos, ya vivamos en La Habana o en cualquier sitio del mundo.[3]

Con estas palabras, Mirta Yáñez, reafirma la importancia de la Condesa de Merlín que, por lo que se refiere a la prosa, es considerada la iniciadora de la narración cubana escrita por mujer. María de la Merced Santa Cruz y Montalvo nace en La Habana en 1789 y muere en París en1852. Sus primeros años de vida transcurren en su país natal con la abuela y los recuerda como una época especialmente feliz a pesar de las dificultades que sufre en el colegio de Santa Clara donde se educa. En 1802 se traslada a Madrid para reunirse con la familia que se había mudado a España. En su casa madrileña se celebran reuniones artístico-literarias con destacadas figuras de la época como Goya, Quintana y Meléndez Valdés. En 1809 se casa con un general de las tropas de Napoleón, conocido en Madrid, Cristóbal Antonio de Merlín. En 1812 la joven familia de Merlín deja España después de la guerra de liberación española contra Napoleón y desde 1813 la Condesa de Merlín fija su residencia en París, donde vive hasta su muerte. En París conoce y trata a las más importantes personalidades del mundo cultural de la época: Balzac, Liszt, Rossini, George Sand, Alfred de Musset, el vizconde de Chateaubriand, el barón de Rothschild, el príncipe Federico de Prusia, Martínez de la Rosa; participa como cantante en numerosos conciertos públicos y privados; viaja mucho por Europa —Alemania, Suiza, Inglaterra e Italia— y escribe en las más importantes revistas franceses de la época. Sus textos aparecen en diversas publicaciones cubanas como "El colibrí", "El siglo XIX" y "Faro industrial de La

menina y la crítica feminista en el Caribe: otro espacio de identidad", en *Unión* 15: 17-23 donde se encuentra un interesante comentario de este personaje.
[3] Hay que considerar que la Condesa de Merlín en estos últimos años se ha transformado casi en un símbolo de la literatura cubana escrita por mujeres y Mirta Yáñez empieza la introducción de su reciente antología de escritoras cubanas precisamente con el recuerdo de su nombre. Yáñez, Mirta. (2000). "Introducción. Desde el mágico jardín", en: Yáñez, Mirta (ed:). *Habaneras*. Tafalla: Ed. Txalaparta: 7.

Habana". Sus libros *Mes douze premières années*, *Histoire de la Soeur Ines*, *Souvenirs et memoires*, *Les esclavages dans les colonies espagnoles*, *La Havane* —con el título *Viaje a La Habana*— y *Lola* se publican también en español y *Madame Malibran* se edita en italiano. *Mis doce primeros años* y *La Habana*, traducidos por primera vez en 1838 y 1844, respectivamente, han visto varias ediciones. La condesa de Merlín es autora, además, de las novelas *Flavia y Les lionnes de Paris*, en esta última utilizó el seudónimo de "Feu le Prince de..."[4]

En 1840, ya con cierta fama, emprende un viaje a New York y La Habana, cuyo resultado es *La Habane,* texto que recoge las cartas que la autora enviaba a sus familiares —a la hija sobre todo, señora Gentien de Dissay— y a los amigos, narrando sus impresiones de viaje. Este libro se traduce al español con el título *Viaje a la Habana* en 1844, con el prefacio de Gertrudis Gómez de Avellaneda, una de las escritoras más interesantes de la época. La primera traducción de 1844 presenta sólo una parte del texto original, diez cartas que relatan su estancia en La Habana. El texto entero —cuyo título en la traducción española es *La Habana*— presenta XXXVI cartas y es una relación del viaje completo, desde la salida del puerto inglés de Bristol, el difícil viaje por mar, Terranova, New York, viaje en diligencia, Filadelfia, Washington, Bahamas hasta la relación de su llegada y estancia en Cuba, sobre todo en la Habana.

A Cuba le toca el papel de tierra utópica desde la época del Descubrimiento cuando se la indicaba como Las Indias Occidentales. La Condesa de Merlín, figura literaria del siglo XIX, ha pasado a ser emblema de la problemática de la identidad cubana, pues luego de pasar años en España y Francia, al regresar a Cuba continúa sintiéndose profundamente relacionada con su tierra y al mismo tiempo comprende la distancia marcada por el tiempo y los otros países en que ha vivido.

GERTRUDIS GÓMEZ DE AVELLANEDA

Sab es la novela escrita en juventud por la cubana Gertrudis Gómez de Avellaneda (1814-1873). De madre cubana y padre español, pasó su juventud en la Isla para trasladarse después a España. Educada literariamente en la poesía subjetiva aunque todavía neoclásica de Meléndez Valdés y de Quintana, en su madurez fue gran admiradora de Gallego, Lista y de su

---

[4] Los datos relativos a la obra de la Condesa de Merlín son escasos y la fuente más exhaustiva es el Instituto de Literatura y Lingüística de la Academia de Ciencias de Cuba (1984): *Diccionario de la Literatura Cubana*. La Habana: Ed. Letras Cubanas, v. I: 607.

compatriota Heredia. Los españoles la consideran parte de su literatura pero para Gertrudis Gómez de Avellaneda, Cuba fue siempre muy importante, nunca perdió los lazos con esta tierra que constituyó motivo de inspiración poética y narrativa como testimonia la novela *Sab*.[5]

El romanticismo representó para la escritora una elección literaria pero también, según la mejor tradición, una elección de vida. Toda su existencia fue un ejemplo de rebelión, independencia y libertad y nunca se adaptó a las convenciones sociales.

Sab, libro escrito en Galicia, después de la salida de Cuba, se publicó en Madrid en 1841. Según Concha Meléndez este libro es —después de la obra de Fernando de Lizardi— la primera novela literariamente importante escrita por autor hispanoamericano (Meléndez, 1970: 86). Desde luego, Gómez de Avellaneda a pesar del aparente ímpetu de sus sentimientos, meditó largamente sobre las técnicas narratológicas y de escritura, hasta llegar a una concepción artística plenamente romántica, pero también llena de la consciencia del "buen gusto académico" neoclásico en la que se había educado.

Sab, basado sobre todo en la experiencia autobiográfica de la escritora, a pesar de pertenecer completamente a la narrativa romántica, no cae nunca en lo pintoresco y describe —aunque parcialmente— la cruel realidad de la esclavitud en Cuba.

En la producción artística de las Antillas españolas o francesas no se encuentran esclavos negros entre los personajes literarios antes de 1730 (Hoffman, 1973:74). Sólo hacia finales del siglo XVIII y en el siglo siguiente el negro adquiere un papel importante. En 1745 aparece en Amsterdam la traducción francesa de *Oroonoko* de Mrs Aphra Benn, escrito en 1688 (*ibíd.*: 157). Libro importante porque —en cierto sentido— funda la corriente de la novela antiesclavista que reúne las características que serán desarrolladas en el siglo XIX, como p.e. la sangre noble del protagonista, necesaria para satisfacer el gusto del público hacia lo aristocrático, pero también para dignificar un sujeto tan bajo como era el negro hasta aquel entonces. Además, el orgullo de los blancos necesitaba que los antagonistas negro-protagonistas fueran figuras extraordinarias, de nivel más alto que los otros personajes de la misma raza "(...) il a été roi en Afrique. Le vieux mythe littéraire qui corrige le racisme par le sentiment aristocratique" (Antoine, 1987: 179).

[5] Gómez de Avellaneda, en 1860, en La Habana, funda una revista *Álbum poético y fotográfico de escritoras y poetisas cubanas* que es testimonio de su gran interés por su país natal *Cfr*. Yáñez, Mirta. (2000). *Cubanas a Capítulo*. Santiago de Cuba: Ed. Oriente.

Antes de estas fechas el negro se integraba en la misma condición y visión del indio y no se diferenciaba entre los dueños ingleses, franceses y españoles (*ibíd.*: 256). En los años de pasaje entre el siglo XVIII y el XIX, después de las grandes rebeliones negras, sobre todo la de Haití, donde hubo una masacre de la población blanca, la postura hacia estos últimos cambió, puesto que también los blancos se habían vuelto víctimas. Entonces el negro entró en la literatura ya no como elemento de decorado, ni como ser fantástico-monstruoso típico de las representaciones de la Edad Media, sino como sujeto y personaje principal, apoderándose sin duda de un papel social: el del esclavo. En el siglo XIX, al desaparecer la figura del buen salvaje del siglo anterior, se encuentra al "buen negro" —pero sólo como individuo— ya que en conjunto a los negros, como grupo social, se los continúa considerando peligrosos y bárbaros. Además, estos personajes que pueblan las Antillas se definen en relación con los otros personajes blancos; dueño bueno / esclavo virtuoso, dueño malo / esclavo víctima. De todas formas, es siempre el blanco, emisor y receptor del mensaje, que impone su *Weltanschauung* y el negro, que renuncia a la suya, es una presencia considerada sólo en el aspecto folklórico.

La discusión filosófica alrededor de la esclavitud interesó de forma especial a la sociedad francesa como lo atestigua su producción literaria (Hoffman, 1973). Por el contrario, en España, que desde la conquista del Nuevo Mundo había tenido que enfrentarse con el problema del indígena, sobrecargado con la publicidad de la "leyenda negra", prefirió callar sobre el tema y hacer actuar la censura para evitar cualquier tipo de polémica. Hay que añadir, además, que a los negros bajo la corona española, se les consideraba efectivamente esclavos, pero siempre súbditos del mismo rey, que el mezclarse de las razas —por antigua tradición española— siempre había sido más fácil que para otros países europeos y en fin, que la distinta postura que tenían acerca del problema de la esclavitud España y Francia se explicaba sobre todo por razones económicas.

Las Antillas francesas, en efecto, basaban su riqueza en la propiedad territorial (especialmente plantaciones de caña de azúcar), mientras que en las Antillas españolas, en un primer momento actuaron una economía agraria y pastoril, debido al despoblamiento de las tierras causado por la emigración de los blancos hacia México y la caída de la producción del oro (Yacou, 1987). El fracaso de la producción del oro y de la caña de azúcar llevó a la formación de una sociedad cuya economía estaba basada en la cría del ganado.

El mestizaje se dio sobre todo con los españoles que residían en las islas antes de la salida hacia México; de esta forma se constituyó un estrato mulato por lo general liberado de la condición de esclavitud, pero sin una clara colocación social; excedente en la economía monocultivadora y marginal en el mundo de la servidumbre y también en el grupo de los hombres libres. Es por esta razón que en las islas colonizadas por los españoles que continuaron recibiendo población blanca, puesto que en ellas era menos presente el predominio de una monocultivación, la población presentó un tipo de habitante menos nítidamente negroide. En las Antillas francesas u holandeses, donde la población originaria blanca o mestiza, se trasladó más lejos, huyendo ante el avance de la economía esclavista del azúcar, predominaron el negro y el mulato. Hacia finales del siglo XVIII el contraste entre las dos colonias parecía claro, en las Antillas francesas los esclavos constituían el 75% de la población, mientras que en Cuba no superaban el 25%. Haití representará el ejemplo más completo de homogeneidad negra, obtenida después de la división ecológica de la que se ha hablado y después de la matanza de los blancos locales en las guerras de independencia (*ibíd*).

La contraposición de estos dos perfiles antillanos —el hispano-católico por un lado y el francés, sajón y holandés por el otro— refleja en concreto la presencia o la ausencia de células generadoras de la protocultura occidentalizada; refleja, además, en cierta medida, la distinta postura moral de los ibéricos ante al factor humano —ellos mismos mestizos, resultado de uniones milenarias con negros y moros— y de los nórdicos europeos, sobre todo protestantes, con su estrechez mental, que permitía la unión sexual, sin perdonarla, y predisponía a la segregación e inclinaba al prejuicio hacia todo lo que parecía distinto; incluso sus propios hijos mestizos.

Sólo a partir de los años que van de 1830 a 1840 se agravan las polémicas relativas a la esclavitud que facilitarán la completa difusión de las ideas de los cubanos Domingo Delmonte y José Antonio Saco. Pero es necesario añadir que para Cuba, de forma distinta que para las otras colonias no españolas, al problema del esclavo negro se le añadió el de la emancipación política de país. Se desarrolló entonces una narrativa de claro compromiso político abolicionista donde los personajes negros a menudo fueron un pretexto para una descripción romántica, evidentes también en *Sab*. En este libro, en efecto, la crítica ha señalado las influencias de *Werther*, por lo que concierne la estética romántica y por lo que se refiere a la difícil relación entre negros y blancos de *Bug Jargal* escrito en 1819 por Víctor Hugo y traducido al español en 1835 por Enrique de Ochoa (Hoffman, 1973: 173).

El aspecto más notable que los dos libros tienen en común es el hecho constituido por un negro enamorado de su ama blanca. En *Burg Jargal* el personaje negro se expresa a través de distintas modalidades; en cuanto primitivo: cruel y criminal, en cuanto servidor: ridículo y cómico y en fin Bug Jargal negro bueno y fiel.

Se ha discutido mucho alrededor del valor ideológico de la obra, que en su primera edición de 1818 —más corta con respecto a la segunda definitiva— se considera como la primera novela de Víctor Hugo, donde el autor expresó ideologías contradictorias. Por un lado se notan sus ideas progresistas y por el otro su evidente negrofobia (Toumson, 1979). En efecto, en la novela todos los personajes negros presentan características negativas, con una única excepción, el protagonista, hijo del rey Kakongo —nombre, desde luego inventado, cuyo sonido se relaciona con lo negativo— que en su pertenencia a la nobleza, expresa altivez. Él rehusa aceptar la superioridad de los blancos, no tiene complejos, ama a la blanca María, a pesar de ser consciente de que su amor es imposible, trata al protagonista blanco como a un hermano y sobre todo no se considera un esclavo, sino más bien un prisionero. En efecto, él es negro como Hernani es español, Chatterton es inglés y Lorenzaccio es de Florencia. En Bug Jargal más que su ser negro es determinante el gusto romántico hacia la infelicidad, hacia la soledad y el dirigirse hacia una muerte segura y trágica. En el pasaje de la primera a la segunda versión, la novela añade artificialmente el personaje femenino y la historia de amor, pero, efectivamente, éstos fueron elementos que pertenecían al fondo de la historia. El mérito de Víctor Hugo fue el de haber tenido la capacidad de quitar del problema de la esclavitud el motivo pintoresco y haber sacado al negro del exotismo inmóvil de la vida de Las Antillas.

El narrador de Bug Jargal es el protagonista blanco del enredo, es un personaje que, de alguna manera, se enfrenta con las contradicciones de una sociedad dividida entre la organización de una economía fundada en la explotación de los recursos naturales por medio de la esclavitud y los principios morales de los que él es representante.

Bug Jargal, además, se diferencia de otras novelas con el mismo argumento, por un mayor conocimiento de los hechos. Víctor Hugo no visitó nunca Haití, sin embargo tuvo la posibilidad de acceder a toda una serie de informaciones y documentos de primera mano que le ofrecieron datos que permitieron su conocimiento de la política del país, como se nota en muchas partes del libro. La novela es testimonio de una toma de posición, por parte del autor, en contra de todas las revoluciones, sobre todo la de los negros. Víctor Hugo —en aquel entonces aún realista— no quiso asumir una postura clara, aunque es evidente su oposición a los esclavistas;

distinta es la postura hacia los abolicionistas, considerados, la mayoría de las veces, con ironía, una ironía sin embargo que les favorece, puesto que la novela ha sido interpretada como obra antiesclavista (Villasante Bravo, 1970: 5-30).

Con una actitud diferente a la de Víctor Hugo, la hispano-cubana Gertrudis Gómez de Avellaneda, gracias a aquella sensibilidad ibérica que se remonta a los primeros cronistas de la conquista de Las Indias Occidentales, acostumbrados a considerar a los indígenas, súbditos del mismo rey, no rehusó la idea de autonomía del negro, sino que más bien le reconoció una condición paritaria a la del blanco, su mirada a pesar de ser "obstaculizada" por la forma de pensamiento de la época, se señaló por ser diferente, gracias a su conocimiento del problema que anticipó aquel relativismo cultural todavía lejos de ser conquista moderna.

La acción de la novela se desarrolla en la provincia central de Cuba, Camagüey, tierra de nacimiento de la autora, en los pintorescos campos bañados por el río Tonina y en el camino que lleva de Puerto Príncipe a las aldeas de las Cubitas. En la descripción del paisaje la autora se sirve de la reconstrucción de la memoria, enriquecida por resonancias literarias al estilo de Rousseau.

El enredo de la obra se basa en el imposible amor de Sab —esclavo mulato, hijo presunto del hermano muerto del dueño— por la hija del dueño, Carlota, junto con la cual se ha criado. Ella, por su parte, está enamorada de Enrique, hijo de un comerciante inglés, que se interesa en ella sólo por sus riquezas. La familia de Carlota, de repente, quiebra y se encuentra sin dinero, el matrimonio parece desvanecerse, pero el proyecto se recupera gracias al sacrificio final de Sab. Él renuncia a una importante suma de dinero ganada en la lotería, cambiando secretamente su billete con el de Carlota, trasformándola otra vez en una rica heredera capaz de satisfacer los deseos del novio.

Otro personaje es Teresa, huérfana y pobre, amiga de Carlota, también ella enamorada, en secreto, del mismo Enrique.

La novela se estructura en dos partes, la primera de once capítulos y la segunda de cinco, además hay una conclusión y una carta del protagonista a Teresa que cierra la obra. En la primera parte se introduce el ambiente, los personajes y empieza el enredo; en la segunda —más dramática— el enredo se explica y se llega a la trágica conclusión. La historia se presenta a través de una primera persona omnisciente y todos los capítulos comienzan con citas sacadas de obras —la mayoría de cuño romántico—, que resumen los acontecimientos narrados en el capítulo y para terminar, el principio y la conclusión de la narración empiezan de la misma forma para remarcar la circularidad de la historia

> Veinte años han pasado, poco más o menos, que al declinar una tarde del mes de junio un joven de hermosa presencia atravesaba a caballo los campos pintorescos que riega el Tinama, y dirigía a paso corto su brioso alazán por la senda conocida en el país por el nombre de camino Cubitas (...) (Gómez de Avellaneda, 1979:39).

> Era la tarde del día de junio de 18... Cumplían en este día cinco años de los acontecimientos con que termina el capítulo precedente, y notábase alguna agitación en lo interior del convento de las Ursulinas de Puerto Príncipe (*ibíd.*: 210).

En la galería de personajes presentada, sobresale la originalidad con la cual la autora caracteriza los papeles de cada uno. El padre de Carlota, Don Diego es el símbolo de los patrones españoles débiles que no supieron hacer progresar el país

> Don Carlos era uno de aquellos hombres apacibles y perezosos que no saben hacer mal, ni tomarse grandes fatigas para ejecutar el bien (...). Inactivo por temperamento, dócil por carácter y por el convencimiento de su inercia (...) cedió a los deseos de su hija, menos por la persuasión de tal enlace labraría su dicha, que por falta de fuerzas para sostener por más tiempo el papel de que se había encargado (*ibíd.*: 63).

Enrique y su padre representan a los extranjeros usurpadores de las riquezas de la tierra:

> Sabido es que las riquezas de Cuba atraen en todo tiempo innumerables extranjeros, que con mediana industria y actividad no tardan en enriquecerse de una manera asombrosa para los indolentes isleños, que satisfechos con la fertilidad de su suelo, y con la facilidad con que se vive en un país de abundancia, se adormecen, por decirlo así, bajo un sol de fuego, y abandonan a la codicia y actividad de los europeos todos los ramos de agricultura, comercio, e industria, con los cuales se levantan en corto número de años innumerables familias.
>
> Jorge Otway fue uno de los muchos hombres que se elevan de la nada en poco tiempo a favor de las riquezas en aquel país nuevo y fecundo. Era inglés; había sido buhonero algunos años en los Estados Unidos de América del Norte, después en la ciudad de La Habana, últimamente llegó a Puerto Príncipe traficando con lienzos, cuando contaba más de treinta años, trayendo consigo un hijo de seis, único fruto que le quedara de su matrimonio.
>
> Cinco años después de su llegada a Puerto Príncipe, Jorge Otway en compañía de dos catalanes tenía ya una tienda de lienzos (...) (*ibíd.*: 58).

Además, Enrique, a pesar de tener asignado el papel del héroe positivo, que une su destino con el de la heroína, representa el símbolo negativo del amor

Cubrió sus ojos llenos de lágrimas y gimió; porque levantándose de improviso allá en lo más íntimo de su corazón no sé qué instinto revelador y terrible, acababa de declararle una verdad, que hasta entonces no había claramente comprendido: que hay almas superiores sobre la tierra, privilegiadas para el sentimiento y desconocidas de las almas vulgares; almas ricas de afectos, ricas de emociones... para las cuales están reservadas las pasiones terribles, las grandes virtudes, los inmensos pesares... y que el alma de Enrique no era una de ellas. (...) ¿Podrá serlo cuando después de algunos días de error y entusiasmo vea rasgarse el velo de sus ilusiones, y se halle unida a un hombre que habrá de despreciar?... ¿Concebís todo lo que hay de horrible en la unión del alma de Carlota y el alma de Enrique? Tanto valdría ligar el águila con la serpiente o a un vivo con un cadáver. ¡Y ella habrá de jurar a ese hombre amor y obediencia! ¡Le entregará su corazón, su porvenir, su destino entero!... ¡Ella se hará un deber de respetarle! ¡Y él... él la tomará por mujer, como a un género de mercancía, por cálculo, por conveniencia! (*ibíd.*: 74).

La defensa del esclavo ocurre a través de dos vías, la primera, la más evidente, es la que critica su terrible vida y el trabajo agobiador en las plantaciones

(...) bajo este cielo de fuego el esclavo casi desnudo trabaja toda la mañana sin descanso, y a la hora terrible del mediodía, jadeando, abrumado bajo el peso de la leña y de la caña que conduce sobre sus espaldas, y abrasado por los rayos del sol que tuesta su cutis, llega el infeliz a gozar todos los placeres que tiene para él la vida: dos horas de sueño y una escasa ración, cuando la noche viene con sus brisas y sus sombras, a consolar a la tierra abrasada, y toda la naturaleza descansa, el esclavo va a regar con su sudor y sus lágrimas el recinto donde la noche no tiene sombras, ni la brisa frescura, porque allí el fuego de la leña ha sustituido el fuego del sol, y el infeliz negro, girando sin cesar en torno de la máquina que arranca a la caña su dulce jugo, y de las calderas de metal en las que este jugo se convierte en miel a la acción del fuego, ve pasar horas tras horas, y el sol que torna le encuentra todavía allí... ¡Ah!, sí, es un cruel espectáculo la vista de la humanidad degradada, de hombres convertidos en brutos, que llevan en su frente la marca de la esclavitud y en su alma la desesperación del infierno (*ibíd.*: 44-45).

La segunda, que en este caso es la denuncia más importante para la autora, donde reside el elemento original de la obra, se encuentra en la falta de una igualdad espiritual y afectiva, y por esto Sab declara

No tengo tampoco una patria que defender, porque los esclavos no tienen patria; no tengo deberes que cumplir, porque los deberes del esclavo son los deberes de la bestia de carga que anda mientras puede y se echa cuando ya no puede
más. Si al menos los hombres blancos, que desechan le dejasen tranquilos en sus
bosques, allá tendría patria y amores... porque amaría a una mujer de su color, salvaje como él y que como él no hubiera visto jamás otros climas ni otros hombres,
ni conocido la ambición, ni admirado a los talentos. (...) —¡Querido!— repitió él
con despedazante sonrisa —¡Querido!—... no, nunca lo he sido, nunca podré serlo... ¿Veis esta frente, señora? ¿Qué os dice ella? ¿No notáis este color opaco y si-
niestro?... Es la marca de mi raza maldita... Es el sello del oprobio y del infortunio.
Y sin embargo, —añadió apretando convulsamente contra su pecho las manos de
Teresa—, sin embargo, había en este corazón un germen fecundo de grandes sentimientos. Si mi destino no los hubiera sofocado, si la abyección del hombre físico no se hubiera opuesto constantemente al desarrollo del hombre moral, acaso
hubiera yo sido grande y virtuoso. Esclavo, he debido pensar como esclavo, porque el hombre sin dignidad ni derecho, no puede conservar sentimientos nobles.
¡Teresa!, debéis despreciarme (*ibíd.*: 167).

La autora subraya en el protagonista negro el sufrimiento de quien, por
sensibilidad y grandeza de ánimo, no acepta la idea de discriminación im-
puesta por la sociedad de los blancos y soportada durante siglos. Gómez
de Avellaneda parece, de esta manera, haber elegido el camino más difícil
para demostrar el drama del esclavo, marcando sobre todo la condición espiritual de su sufrimiento.

Sab representa un paso adelante con respecto a los personajes literarios
que se han presentado en los anteriores libros, puesto que parece sobrepa-
sar la primera etapa de denuncia. En este caso, en efecto, se trata de un protagonista absoluto, hombre al mismo nivel de los otros personajes blancos
y que posee sentimientos propios.

Otra nota interesante se da por la diversificación de las posturas y los jui-
cios hacia los esclavos según quien los expresa; los dueños Don Carlos y Carlota
asumen una postura cariñosa y paternal, Enrique —el novio inglés— manifiesta
su molestia por los cuidados y el afecto con que son tratados los esclavos. Sólo
Teresa, en su soledad, entiende enteramente el drama de Sab y declara

—Yo exclamó— yo soy esa mujer que me confío a ti; ambos somos huér-
fanos y desgraciados... aislados estamos los dos sobre la tierra y necesitamos
igualmente compasión, amor y felicidad. Déjame, pues, seguirte a remotos climas, al seno de los desiertos... ¡Yo seré, tu amiga, tu compañera, tu hermana!
(*ibíd.*: 169)

A través de este personaje femenino la autora pone de manifiesto la
complejidad del problema étnico. Gómez de Avellaneda altera y cambia

los códigos de relación entre las dos razas: por un lado, se encuentra a un mulato enamorado de su dueña blanca, pero por el otro, se presenta a Teresa, —una mujer blanca pero socialmente marginada por su pobreza— que se vuelve amiga y confidente de Sab, y llega a proponerle ser compañeros de vida. El aspecto nuevo en la presentación del problema se constituía no tanto por la desigualdad socio-racial sino por la subversión de las relaciones raciales a través de la fuerza de los sentimientos.

El protagonista, además, es solidario con la causa de los indígenas y condena la muerta bárbara y horrible con que los españoles condenaron al cacique de Camagüey.

A Martina, indígena, madre adoptiva de Sab, se la describe con cierta ironía, casi como si la autora quisiera tomar distancia con el personaje y relegarlo a una alteridad definitiva y distinguirse así de las escritoras indianistas de la época. Pero al final es precisamente Martina la que pronuncia el discurso sobre el futuro y la liberación de Cuba: "La tierra que fue regada con sangre una vez, lo será aún otra; los descendientes de los opresores serán oprimidos, y los hombres negros serán los terribles vengadores de los hombres cobrizos" (ibíd.: 151).

Sab, personaje literario, es el punto de encuentro entre negros y blancos y llegará a ser el punto de contacto entre la naturaleza y el hombre de su país. En varias partes de la novela se describen —según el modelo romántico— la belleza de la naturaleza en general y de Cuba en particular, como ejemplo es significativo el discurso pronunciado por Teresa —que se ha hecho monja y está a punto de morir— a la amiga Carlota, entregada a un destino infeliz:

> Quiera el cielo que no vuelvas algún día los ojos con dolor hacia el país en que has nacido, donde aún se señalan los vicios, se aborrecen las bajezas y se desconocen los crímenes; donde aún existen en la oscuridad las virtudes primitivas. Los hombres son malos, Carlota, pero no debes aborrecerlos ni desalentarte en tu camino. Es útil conocerlos y no pedirles más que aquello que pueden dar; es útil perder esas ilusiones que acaso no existen ya sino en el corazón de una hija de Cuba. Porque hemos sido felices, Carlota, en nacer en un suelo virgen, bajo un cielo magnífico, en no vivir en el seno de una naturaleza raquítica, sino rodeadas de todas las grandes obras de Dios, que nos ha enseñado a conocerle y amarle. Acaso tu destino te aleje algún día de esta tierra en que tuviste tu cuna y en donde tendré mi sepulcro. (ibíd.:151)

El discurso narrativo escrito por Gómez de Avellaneda en *Sab* explota varias funciones opuestas. Al carácter firme de Carlota se contraponen el egoísmo y la ambición de Enrique, a la volubilidad de éste la constante abnegación del mulato, que guarda el secreto de su sentimiento y se sacrifica hasta la muerte, encontrando en ésta la libertad espiritual que la sociedad le había negado.

> Carlota era desgraciada (...) se veía obligada a vivir de cálculo, de reflexión y de conveniencia (...). Carlota luchó inútilmente por espacio de muchos meses, después guardó silencio y pareció resignarse. Para ella todo había acabado. Vió su marido tal cual era; comenzó a comprender la vida. Sus sueños se disiparon, su amor huyó con su felicidad. Entonces tocó toda la desnudez, toda la pequeñez de las realidades, comprendió lo erróneo de todos los entusiasmos, y su alma que tenía necesidad, sin embargo, de entusiasmo y de ilusiones, se halló sola en medio de aquellos dos hombres pegados a la tierra y alimentados de positivismo. Entonces fue desgraciada, entonces las secretas y largas conferencias con la religiosa Ursulina fueron más frecuentes. Su único placer era llorar en el seno de su amiga sus ilusiones perdidas y su libertad encadenada (...) (*ibíd.*: 215).

Gertrudis Gómez de Avellaneda, como ya habían hecho otros escritores franceses (Gustave D'Eichtal) precedentemente, une la lucha por la emancipación femenina con la lucha por la liberación de los esclavos, denunciando otro tipo de esclavitud, menos pública pero igualmente efectiva. (Hoffman, 1973: 297)

Sin duda la novela está cargada de peripecias melodrámaticas, cayendo en el gusto del amaneramiento romántico pero queda su valor de obra antiesclavista. Por esto, a pesar de prevalecer el elemento sentimental y pasional sobre el testimonio social, el Censor Real de la Imprenta de La Habana prohibió la entrada de *Sab* a Cuba en 1844. También la misma Avellaneda con los años pareció rehusar de este trabajo puesto que no lo incluyó en la edición de sus obras completas publicadas en 1865, afirmando en la segunda edición de *Sab* en 1854: "Acaso si esta novelita se escribiese en el día, la autora cuyas ideas han sido modificadas haría en ella algunas variaciones" (37). Desde luego con el transcurrir de los años y el acercarse de la independencia cubana, la novela se volvía cada vez más incómoda. Me gusta pensar, a pesar de todo esto, que fueron causadas por la necesidad de mantener el favor de las autoridades peninsulares, necesario para ella, sobre todo en los últimos años.

En realidad, el problema de la esclavitud, sin presentar las características específicas de *Sab*, la autora lo presentó también en otras obras como *Guatimozín* (1846), la novela histórica que se ocupa de la conquista de Cortés y donde se expresa la simpatía hacia los indígenas y sobre todo en *Baltasar* (*1558*), la más famosa de las obras teatrales de Gertrudis Gómez de Avellaneda, donde se habla, otra vez de esclavos, pero menos comprometedores por la distancia histórica: los hebreos bajo el dominio de los egipcios.

Avellaneda se inscribe en la gesta fundacional de la novelística cubana. En *Sab*, pilar de su visión liberal, en favor de la emancipación de los sojuzgados, la Avellaneda irrumpía con la mirada femenina sobre los subalternos: el esclavo y la mujer. Con *Sab* inicia el discurso femenino y feminista de una mujer que intenta —y logra— una carrera en el terreno de los hombres; una mujer que es rechazada por la Academia Española, por ser mujer (Araújo, 1993).

BIBLIOGRAFÍA

Obras

Comtesse Merlin. (1836). *Souvenirs et mémoires*. Paris: Charpentier.
Condesa de Merlín. (1844). *Viaje a La Habana*. Madrid: Imprenta Sociedad Literaria Tipográfica.
— (1922). *Viaje a La Habana*. La Habana: Librería Cervantes.
— (1981). *La Habana*. [Madrid? S. E.]
Gómez de Avellaneda, Gertrudis. (1970). *Sab*. Salamanca: Anaya.

Crítica

AA. VV. (1988). *Mujeres latinoamericanas: historia y cultura. Siglos XVI al XIX*. La Habana/Iztapalapa: Casa de Las Américas / Universidad Autónoma Iztapalapa.
AA VV. (1999). *Aproximaciones cubanas a los estudios de género*. La Habana: Editorial de la mujer.
Álvares-Tobío Albo, Emma. (2000). *Invención de La Habana*. Barcelona: Ed. Casiopea.
Antoine, Robert. (1978). *Les écrivains français et Les Antilles*. Paris: G. P. Maisonnueve & La Rose.
Araújo, Nara. (1993). "La escritura femenina y la crítica feminista en el Caribe: otro espacio de identidad", en: *Unión* 15: 17-23.
Bueno, Sergio. (1963). *Historia de la literatura cubana*. La Habana: Ed. Nacional.
González Ruiz, Julio. (1999). "El tema de la esclavitud en la literatura femenina del siglo XX", en Cantos Casenave, Marieta / Romero Freyre, Alberto (eds.). *IX encuentro de la Ilustración al Romanticismo (1750-1850)*. Cadiz: Universidad de Cádiz.
Hoffman, L. François. (1973). *Le nègre romantique*. Paris: Payot.
Hugo, Víctor. (1979). *Bug Jargal*. Fort de France: Dàsormeaux.
Instituto de Literatura y Lingüística de la Academia de Ciencias de Cuba. (1984). *Diccionario de la literatura cubana*. La Habana: Ed. Letras Cubanas.
Meléndez, Concha. (1970). *La novela indianista en Hispanoamérica (1832-1889)*. San Juan de Puerto Rico: Editorial Cordillera.

Picón Garfield, Evelyn. (1993). *Poder y sexualidad: el discurso de Gertrudis Gómez de Avellaneda.* Amsterdam / Atlanta: Rodopi.

Sebold Russell, Paul. (1987). "Esclavitud y sensibilidad en *Sab* de la Avellaneda", en Sebold Russell, Paul. *De la Ilustración al Romanticismo...* Cádiz: Ed. Universitaria: 93-108.

Toumson, Robert. (1979). "Présentation", en Hugo, Víctor. *Bug Jargal.* Fort de France: Dàsormeaux.

Villasante Bravo, Carmen. (1970). "Introducción", en: Gómez de Avellaneda, *Sab.* Salamanca, Anaya: 5-30.

Yacou, Alfred. (1987). "Réflexions comparées de l´esclavage dans Les Antilles françaises et espagnoles", en: AA. VV., *L´Amerique Espagnole à l´Époque des Lumiers.* Paris: Ed. CNR.

Autoras cubanas en España
durante el siglo XIX

María del Carmen Simón Palmer (Madrid)

EL discreto papel público reservado a la mujer en el siglo XIX, siempre ligada a su familia, no propició las conexiones entre las escritoras cubanas y las de la península. Nuestro propósito se limita a esbozar la colaboración de aquellas en la prensa española, que descubre los nombres de algunas que no figuran en las bibliografías clásicas del período que hemos consultado.

No puede olvidarse, además de su producción escrita, a veces escasa, el papel que desarrollaron en la vida social. En este sentido, y siguiendo un orden cronológico, el primer nombre destacado es el de Teresa Montalvo, casada a los doce años con el conde de Jaruco. Pocos años después de la boda viajan por Europa y, en Madrid, es nombrado él inspector general de las tropas en la isla de Cuba donde fallece poco después. Queda Teresa en España con sus dos hijas, Teresa y Pepita, y tras el luto abre sus salones que pronto atraen a escritores: Quintana, Arriaza, Moratín; pintores como Goya y actores. Al instalarse José I en la capital la condesa vuelve a abrir sus salones y su tío el ministro de la Guerra, general O'Farrill va a servirle de introductor en Palacio. El rey se enamora de ella y le compra un palacete en la calle del Clavel, esquina a la actual glorieta de Bilbao. En ese tiempo su hija Mercedes casa con el general Merlín quien poco después marcha a luchar contra los guerrilleros andaluces. La concesión del título de conde al general por el enamoradizo José Bonaparte dio pie a mil rumores en la Corte.[1] La madre falleció muy pronto y la condesa de Merlín pasó a vivir en París,

---

[1] Datos sacados de Martínez Olmedilla, Augusto. (1953). *El Madrid de José Bonaparte*. Madrid: Instituto de Estudios Madrileños, p. 29.

donde a imagen de su madre hizo famosos sus salones y escribió su *Viaje a La Habana*, precedido de una biografía escrita por Gertrudis Gómez de Avellaneda (Condesa de Merlín, 1844). Esta, también tuvo amistad con otra cubana bellísima e influyente, Antonia Domínguez, duquesa de la Torre, casada con Francisco Serrano, quien, como capitán general, en 1859, del vapor de guerra "San Francisco de Borja", facilitó el regreso a Cuba del matrimonio Verdugo-Avellaneda. Igual que la de Merlín, tuvo la habilidad de reunir a toda la sociedad alrededor de su teatro-salón llamado "Ventura", en honor de su hija, para el que autores como Ventura de la Vega compusieron obras. Su labor como mecenas y hábil relaciones públicas, en competencia con la duquesa de Sesto, la llevó incluso a proteger las actividades del "Ateneo artístico y literario de señoras", tachado de masón, que presidía la escritora Faustina Sáez de Melgar, tras del cual se encontraban hombres de la Institución Libre de Enseñanza. Aportó cien reales mensuales y consiguió que el Ministro de Fomento les cediera la escuela Nacional hasta el 4 de mayo, cuando se necesitó. Entonces se habilitaron los salones del palco regio del Teatro de la Ópera para los exámenes de las alumnas.[2] Antonia Domínguez prefirió publicar sus *Choses vraies* en Francia y en francés con la justificación de que los franceses no sabían español "y todos los españoles leían casi todos el francés" (1892: 33). Pilar Simués (Simués, 1862) le dedicó una de sus novelas, *El lazo de flores* (1862).

En esos años un grupo de cubanas toma parte activa y protagonista en los movimientos sociales y culturales que hombres del sector liberal llevan a cabo, antes y después de la revolución de 1868. Mencionaremos en primer lugar a la Condesa de Priegue, Pilar Amandi de Ozores, colaboradora en la "Revista Contemporánea" (1892), que fallecería en La Coruña en mayo de 1902. Su actividad más interesante se refiere al papel jugado dentro de las filas de la masonería española. Perteneció a la sección de señoras de la "Sociedad Abolicionista Española", presidida por Olózaga, constituida en Madrid en 1865, de la que también formaban parte la condesa de Pomar, las señoras de Ayguals de Izco y de Briester Vizcarrondo, Concepción Arenal, Pilar Matamoros de Tornos y Faustina Sáez de Melgar. La finalidad era la de combatir la esclavitud de los negros en las posesiones españolas para lo que establecieron contacto con las antiabolicionistas inglesas.

En 1872 se crea en Madrid un periódico titulado *Las Hijas del Sol*, órgano al parecer de la logia masónica del mismo nombre. El proyecto del

---

[2] *Memoria del Ateneo de Señoras leída en la Junta General celebrada el día 27 de junio de 1869 por la presidenta y fundadora*, Madrid. Imp. de Rojas. 1869.

instituto femenino "Las Hijas del Sol", se presenta al Gran Oriente de España en 1873, con estatutos redactados el año anterior y está presidido por Pilar Amandi. Se organizan de modo que diez "Hijas del Sol" reunidas, constituirán una constelación: diez constelaciones un sistema; diez sistemas una zona y diez zonas un cielo.[3] Persiguen:
- la educación física, intelectual y moral de la mujer,
- la caridad y la beneficencia,
- la justicia,
- la protección mutua.

En ambas sociedades colaboraron importantes autoras españolas muy ligadas a América como Concepción Jimeno, directora del «Álbum Ibero Americano» o la Baronesa de Wilson, que realizó cinco viajes a aquel continente y lo recorrió desde Alaska a la Patagonia.

Sin duda la autora de este siglo XIX más estudiada ha sido Gertrudis Gómez de Avellaneda, de la que aquí damos algunas colaboraciones en la prensa española y lo que sobre ella se ha publicado en España.

Su vida independiente la llevó a mantenerse a distancia de las colegas literarias, de forma que sabemos que invitaba a las audiciones de sus obras a la ya mencionada Pilar Simués y que, en privado, tuvo una sincera admiración, que fue mutua, por el trabajo de Concepción Arenal, como prueba el que legara para su obra social "La constructora benéfica" una cantidad en su último testamento. Haciendo gala de esa discreción innata, Concepción Arenal, había escrito a la Avellaneda, en 1859, para felicitarla por su postura a favor de los obreros de Barcelona: "He seguido sus triunfos literarios y sus desgracias domésticas, tomando parte en los unos y en las otras, aunque sin decírselo, porque me pareció impertinente." (Figarola-Caneda, 1929: 124). Le envía unos versos hechos en su honor y que le ha sido imposible publicar "a pesar de ir anónimos, pero ¡Ilusión! La aduana literaria está perfectamente montada, y es género de ilícito comercio cualquiera mercancía que no venga en bandera nacional: mis versos son extranjeros en todos los puertos, debían descomisarse, y se descomisaron". (*ibíd.*: 125)

Algunas de las personalidades femeninas más conocidas en su correspondencia privada con Juan Eugenio Hartzenbusch, por ejemplo Fernán Caballero o Carolina Coronado, reconocían su talento, no sin cierta ironía: "Me ha hecho mucha impresión y no extraño que la hiciera en hombres que parecían in-

---

[3] Según lo que se lee en el "Boletín Oficial del Grande Oriente de España", 15-octubre-1872, núm. 36.

combustibles. Tiene unos ojos magníficos: es hermosísima, es un portento: mientras viva en la Corte, no debían las muchachas dejar ir a sus novios a ella..." (año 1848) (Fonseca, 1974: 195).

Pocas la elogiaron abiertamente: Robustiana de Armiño, en "El Vergel de Andalucía" (Córdoba, 26 junio de 1845), la Baronesa de Wilson el año 1860 quien le dedicó su poema "A América" escrito en París en 1860 y que comienza: "Salud perla del mundo, sultana de los mares..." Tras su fallecimiento, Angela Grassi y Mercedes Vargas de Chambó escribieron sendas necrologías en "El Correo de la Moda" (26 de febrero de 1873), y años después Concepción Jimeno en "El Álbum Ibero Americano" (7 de junio de 1891) y, de nuevo, la baronesa de Wilson en "El Correo de la Moda" (10 de junio de 1886) volverían a ocuparse ella.

No podemos olvidar que en Cádiz y Almería residió unos años Aurelia Castillo (Puerto Príncipe o Camagüey, 1842). Casada en 1874 con el comandante Francisco González del Hoyo, con quien se trasladó al año siguiente a España. Colaboró en la revista "Cádiz" dirigida por Patrocinio de Biedma y regresó en 1879 a Cuba. Gran viajera por América y Europa, sería expulsada de la isla por el general Weyler en 1896, ya viuda.

No faltaron escritoras españolas que hicieron el viaje a la inversa por diferentes motivos. Primero Clotilde Cerdá más conocida como concertista de arpa, que dio varios recitales en la Isla. También Concepción Jimeno una de las más importantes directoras de prensa en su época, de ideas avanzadas y que publicó en "El Álbum Ibero Americano" muchas composiciones de americanas, especialmente mejicanas. En su artículo "La cubana" destacaba a Luisa Pérez de Zambrana, Lola Tió y a Domitila García Coronado, dedicada a biografiar a sus colegas.[4]

Por primera vez un miembro de la realeza española, la infanta Eulalia de Borbón, se desplazó a la isla el año 1893 y gracias a su vocación literaria nos dejó sus impresiones directas de aquel polémico viaje.

Pero sin duda alguna la española más cubana fue Sara Agar Infanzón Canel, asturiana más conocida como Eva Canel, a la que la colombiana Soledad Acosta llegó a incluir como cubana en su repertorio.

Desconocida hoy, a pesar de su abundante obra literaria, como editora y como periodista, pretendió conocer todas las posesiones españolas y escribir una Historia de América, igual que su amiga la baronesa de Wilson.

Partidaria, nos dejó unas minuciosas memorias de aquel continente más que de la presencia española en la Independencia, apoyó a Weyler y estuvo

---

[4] Como se puede leer en "El Álbum Ibero Americano", Madrid, 30 de noviembre de 1895: 518-519.

al frente de la rama femenina de la Cruz Roja. Esta pintoresca escritora murió en la más absoluta pobreza en Cuba el 2 de mayo de 1932. A pesar de sus polémicas tuvo gran amistad y ayudó en ocasiones a mujeres ilustres de la isla como Celia Delmonte, Adelaida Álvarez y las escritoras Luisa Pérez de Zambrana, Domitila García Coronado y Mercedes Matamoros. Sin duda la respetaron por lo que había de cierto en su afirmación: "Yo soy la única que puede hablar, la única que no ha tenido subvenciones porque jamás las ha pedido, que no debe un pepino a ningún gobierno americano, que no ha gozado de sueldos del gobierno de España, como hacen correr muchos... he escrito voluminosos libros en honra de mi patria y los he regalado" (Canel, 1919: 19).

BIBLIOGRAFÍA

Obras

Canel, Eva. (1916). *Lo que vi en Cuba. (A través de la Isla)*. La Habana: Imp. La Universal.
Condesa de Merlín. (1844). *Viaje a La Habana*. Madrid: Imp. Sociedad Literaria Tipográfica.
Domínguez, Antonia. (1892). *Choses vraies*. Paris: Lib. De la Nouvelle Revue.
El Álbum Ibero Americano. (1895). Madrid, 30 noviembre: 518-519.
Simués, Pilar. (1862). *El lazo de flores*. Madrid: Imp. Sociedad Literaria Española.

Crítica

Figarola-Caneda, Domingo. (1929). *Gertrudis Gómez de Avellaneda*. Madrid: Industrial Gráfica.
Fonseca, Isabel. (1974). "Cartas de Carolina Coronado a Juan Eugenio Hartzenbusch", en: AA. VV. *Homenaje a Guillermo Gustavino*, Madrid: Anaba.
Martínez Olmedilla, Augusto. (1953). *El Madrid de José Bonaparte*. Madrid: Instituto de Estudios Madrileño.

A continuación damos cuenta de algunas publicaciones de escritoras cubanas en España durante el siglo XIX con la intención de que sirva de impulso a futuros trabajos.

AMEY DE CLARKE, SARA
Hurto de una herencia en La Habana (Isla de Cuba). Manifiesto dedicado a las Cámaras Españolas. Madrid. A. Orejas. 1872. 16 p.
Pleito.

ARAOZ DE HERRÁEZ, ROSA
Colaboró en algunos periódicos de la península (Curquejo).

ARÚS Y PUERTAS, MERCEDES
Nació en La Habana en diciembre de 1845. Colaboró en *La Moda Elegante* de Cádiz.

BENÍTEZ DE ARCE, ALEJANDRINA
Nació en Puerto Rico, pero residió en Cuba. Colaboró en *El Ramillete,* revista barcelonesa (1875).

CABRERA, ANA MARÍA
La Moda Elegante. Cádiz.
Recuerdos a mi querida amiga Isabel Zamora, 1866, p. 280.
["Venid a mi, recuerdos seductores..."].

CAIMARI, MARGARITA
Nació en Cuba y como sus padres eran mallorquines regresaron pronto a España y, concretamente, a Palma de Mallorca. Escribió en castellano hasta que decidió incorporarse al movimiento de renovación de la lengua catalana y eligió ese idioma para expresar sus sentimientos. Colaboró en la *Corona poética dedicada a la beata Catalina Tomás*, en 1874, en los actos del VI *aniversario de la Fundación del Colegio Miramar (1877) y en Homenatge a la Virgen del Lluch* (1884), *La Ilustración Catalana* de Barcelona y la *Revista Balear de Literatura.*

CANCIÑO DE BEOLA, MANUELA "Hija de Yara"
La Moda Elegante. Cádiz.
"A Él", 1867, p. 279.
["¿Cómo te llamaré para que entiendas..."].

CASTILLO DE GONZÁLEZ, AURELIA
Colabora en *El Eco de Asturias*, *Revista de Cádiz*, *Crónica Meridional* de Almería y *Blanco y Negro*, Madrid (1913).

Fábulas en verso. Con prólogo de Patrocinio de Biedma. Cádiz. José Rodríguez y Rodríguez. 1879. 103 p.

CASTRO LÓPEZ, ROSALÍA
Viajó por Europa y durante su estancia en España publicó en revistas.

CÉSPEDES DE ESCANAVERINO, ÚRSULA "La serrrana" "Carlos Enrique de Alba".
La Moda Elegante. Cádiz.
Romance, 1866, p. 142.
Dolora. ¿Qué soy yo? —¿De dónde vengo?— ¿Adónde voy?, 1866, p. 173.
["¿Qué soy yo? Gota de lluvia... "].
La conciencia, 1866, p. 232.
["Es un fantasma que pisa... "].
Consejos de un guajiro, 1866, p. 295.
["Bajo una espesa *yagrama*... "].
El cementerio de La Habana, 1866, p. 344.
["Aquí está el cementerio, mas en vano... "].
Mi alma, 1866, p. 408.
["El alma es choza abandonada... "].
Obras de misericordia, 1867, p. 56.
["Hay unos ojos muy tristes... "].
A mi pensamiento, 1867, p. 168.
["Pensamiento mío, vuela... "].
El silencio, 1867, p. 304.
["Es un ángel muy hermoso... "].
Yo quiero darte más, 1867, p. 408.
["No tenemos hogar, amigo mío... "].
La maternidad, 1969, p. 178.
A mi madre, 1870, p. 39.
Adiós, 1870, p. 248.
En la muerte de mi padre, 1872, p. 286.
["¿No me escuchas, señor? Cuando partiste... "].

ESTEVEZ Y VALDÉS, SOFÍA
Colaboró en *La Ilustración.*

La Moda Elegante de Cádiz.
A Eliana, 1865, p. 222.
Melopeya. A petición de una amiga, 1866, p. 271.
["La noche misteriosa..."].

ESTÉVEZ Y VALDÉS, JOSEFA
Colaboró en *El Fanal, La Ilustración,* y *La Moda Elegante* de Cádiz, *La Familia, La Guirnalda* y *La Tertulia* (Huerta Posada, en *El Oriente de Asturias,* 1898).

EULATE DE SANJURJO, CARMEN
En velada del Ateneo de San Fernando (Cádiz) para conmemorar el tercer centenario de "Don Quijote" (9 mayo 1905), leyó un soneto original "A Cervantes". Colabora en *La Isla,* semanario de Cádiz, núm. 25, 1916, dedicado a Cervantes.

La mujer en el arte. Sevilla. F. Díez y Cª. 1915. 2 vol.
I. Inspiradoras.
II. Creadoras, creaciones.

La mujer en la Historia. Prólogo del general Ricardo Burguete. 2ª ed. Sevilla. F. Díaz y Cª. 1915. 283 p.

FIGUEROA, DOLORES
Tesis presentada en el Colegio de Farmacia de Nueva York... Madrid. Imp. de N. Moya. 1887.
(Trelles, VII, p. 8).

FLERIDA (Villaclara, Cuba)
La Moda Elegante. Cádiz.
Celos, 1866, p. 295.
["Esa nube que en mi frente..."].

GALARRAGA DE SALAZAR, CONCEPCIÓN "Flora del Valle"
Predestinación. Novela de costumbres cubanas Barcelona: Tip. Luis Tasso 1890. 2 vol.

GARCÍA CORONADO, DOMITILA
Colaboró en *La Ilustración Cubana* de Barcelona, *La Iberia.* Madrid.

GÓMEZ DE AVELLANEDA, ELENA
Fue la sobrina favorita de Gertrudis Gómez de Avellaneda, hija de su hermano Manuel. Falleció muy joven, en mayo de 1864.
La Ilustración, Madrid.
Dos amigos, 1857, p. 63.
La Linterna Mágica, Madrid.
Dos amigos. Novela, 10-I-1858, núm. 6 al 10.

La Violeta, Madrid
A un lucero, 28-XII-1862, p. 3.

["Hermoso lucero mío..."].
Balada, 22-III-1863, p. 2-3.
["Madre, las aves marinas..."]
A una campana, 10-V-1863, p. 3.
["Vibración misteriosa que al viento..."].
Al pie de un sauce, 19-VII-1863, p. 4.
["Allí está bajo la losa..."].
A mi prima doña María Torres, 20-IX-1863, p. 3-4.
["Me da, prima, que pensar..."].
A Sevilla. Soneto, 27-XII-1863, p. 8.
["De la andaluza tierra soberana..."].
Luchas del alma. Poesía póstuma, 21-VIII-1864, p. 23.
["¿Por qué mi triste voz intento en vano..."].

La Educanda, Madrid.
A la Virgen, 24-V-1863, p. 50 + ["Oh, mi madre querida..."].

La América, Madrid.
El ángel triste, 28-V-1867, p. 13.

GÓMEZ DE AVELLANEDA, GERTRUDIS
El Cisne, Sevilla.
La Aurora, 1838-VI-17, p. 55-6.
["Al despuntar de mayo un claro día..."].

La Alhambra, Granada.
Napoleón. Traducido libremente de Lamartine, 1840-VII-19, p. 184-86.
["Sobre un escollo por el mar batido..."].
La tumba y la rosa. Traducción de Víctor Hugo, 1840-VIII-30, p. 264.
["Dice la tumba a la rosa..."].
A una violeta, 1840-XI-2, p. 395.
["Pobre y humilde violeta... "].
El poeta, 1840-XI-22, p. 411-12.
["Todo en sosiego reposa..."].
A la columna del Dos de mayo. Soneto, 1840-XII-6, p. 432.
["Mármol que guardas inmortal memoria..."].
A la luna, 1841-marzo-28, p. 151.
["Tu, que vestida de luciente plata..."].
A las estrellas. Soneto, 1841-IV- 4, p. 164.
["Reina la noche: fulgidas en tanto..."].
A una mariposa. Soneto, 1840-VI-4, p. 324.
["Hija del aire! Nívea mariposa..."].
A Francia. Sobre la traslación de los restos de Napoleón a París, 1841-VIII-22, p. 399.

["Bástete, o Francia, la gigante gloria..."].

El Conservador, Madrid.
Contemplación, 1841, núm. 2, p. 18-19.
["Baña allá el Sol cetrarios horizontes..."].

Revista de Madrid, Madrid.
A la luna, 1841-VII, p. 277-79.
A la traslación de los restos de Napoleón a París, 1841-julio, p. 280.
Canto a la Virgen, 1842-IX, p. 330-32.
Apuntes biográficos de la señora condesa de Merlín, 1844, p. 69-79.

El Heraldo. Madrid.
Al Escorial, 1845-VII-21.
["Absorta, muda ante tu aspecto adusto..."].
Carta de la señorita— al director de la "Gaceta", en donde agradece un regalo del infante don Francisco, 1845-VIII-5.
A S.M. la Reina nuestra señora doña Isabel II, 1845-XI-19.
["Suspende, ¡oh Aquilón! Suspende el vuelo..."].
Guatimozín. Novela histórica, 1846-II-21 a IV-25.
El Miserere (Canto para antes de la confesión), 1847-V-19.
["¡Misericordia, Oh Dios de ti demando!..."].
Cántico para después de la confesión. (Sacado de varios Salmos de David), 1847-V-19.
["Mortíferos vapores..."].
Oda en celebridad de la coronación del gran poeta Manuel Quintana, 1855-III-26.
["Allá en el centro de la hermosa Antilla..."].

El Laberinto, Madrid.
Al monumento del dos de Mayo, I, 1843, núm. 13, p. 180.
A Su Majestad la Reina Doña Cristina de Borbón, I, 1843, núm. 14, p. 193.
El recuerdo importuno. Soneto, I, 1834, núm. 15, p. 205.
La noche de insomnio y el alba. Fantasía, I, 1843, núm. 19, p. 259.
Espatolino, I, 1843, núm. 6, p. 78 a núm. 18, p. 242.
Reclamación de la originalidad de Espatolino. Novela, I, 1843, núm. 6, p. 89.

El defensor del bello sexo, Madrid.
Al Escorial, 1845-IX-1845.

Semanario Pintoresco Español, Madrid.
Poesía premiada por el Liceo, 1845, p. 205-6.
["Era la noche: su luctuoso manto..."].
Poesía. El Te Deum, 1847, p. 263.

["A ti, ¡oh Dios!, alabanza..."].
La desposada de amor o la nueva Psiquis. Fragmentos, 1849, p. 78-9.
["En dobles velos de amaranto y gualda... "].
La Cruz, 1849, p. 111-12.
["¡Canto la Cruz! ¡Que despierte el mundo!..."].
La velada del helecho, o el donativo del diablo. Novela, 1849, p. 179 a 224.
Poesía. Al Excmo. Sr. D. Pedro Sabater, 1849, p. 416-7.
["La pintura que hacéis, prueba evidente..."].
Dios y el hombre, 1850, p. 206-8.
["¡Morad al hombre! Del tupido velo..."].
Dolores, 1851, p. 3 a 64.
El viagero americano, 1850, p. 104.
["Del Anahuac vastísimo y hermoso..."].
La clemencia, 1850, p. 206-7.
["Al impulso del numen que me inspira..."].
Canción (Imitación de Víctor Hugo), 1851, p. 359-60.
["¡Sale ya la aurora hermosa...!"].
La montaña maldita Tradición suiza, 1851, p. 179-81.

El Español, Sevilla.
Poesía al Escorial, 1845-VII-28.

El Museo Universal, Madrid.
[Composición leída en el entierro de Quintana], I, 1857, p. 39.
["Cantos de regocijo y de victoria..."].

El Trono y la Nobleza, Madrid.
Canto profético de David, 1848-II, núm. 63, p. 495.
["Hicrvcn y brotan en el alma día..."].

El Álbum de las bellas, Sevilla.
A los Reales Sitios, 1849, p. 220-22.
["Es grato, si el cáncer la atmósfera enciende..."].

Los hijos de Eva, Alicante.
Imitación de Víctor Hugo, I, 1849, p. 179.

La Ilustración, Madrid.
A la inauguración del Teatro Real, 1850, p. 179.
["¡Ven Euterpe a tu templo suntuoso!..."].

Círculo Científico y Literario, Madrid.
Comunicación, 1854-V, p. 209.

La América, Madrid.
La mujer, 1852-IV-8, p. 10.
Luisa Molina, 1857-V-24, p. 9-10.
A Dios, 1857-IV-24.
["Tú, que le dices a la hojosa rama... "].
Plegaria para ser preservado de la corrupción general, 1857-IX- 8, p. 10.
["Sálvame ¡oh Dios! Porque me agito en vano..."].
A Magdalena, 1860-V-8, p.13.
["Es la vida mar voluble..."].
Al General Castilla, 1860-V-8, p. 13.
Himno para la inauguración de la gran estatua de Cristóbal Colón en la villa de Cárdenas, 1863-I-27, p. 14.

La Esperanza. Madrid.
Al nacimiento del Redentor, 1856-XII-25.
["Vírgenes de Judá, templad gozosas..."].
La Iberia, Madrid.
Poesía, 1857-III-14.
["Cantos de regocijo y victoria..."].
La Época, Madrid.
Grandeza de Dios, 1857-I-10.
["Bendice, oh alma mía..."].
La flor del Ángel. Leyenda vascongada, 1857-VIII-18, IX-7.

La Discusión, Madrid.
Carta desde Deva, 1857-IX-2.
Carta al Estado, 1857-IX-8.

El álbum de las familias, Madrid.
A una mariposa, 1865-IX-30, p. 10.
["Hija del aire, nívea mariposa..."].

La Moda Elegante. Cádiz.
El nombre de María, 1866, p. 104.
En el álbum de la señora doña R. P. De Correa Bollino, 1873, febrero 23.
["Cuando a escribir me convidas..."].

El Ángel del Hogar., Madrid.
Cántico, 1865-IV-16, p. 107.
["Mortíferos vapores..."].

La Época, Madrid.
Noticias generales, Devocionario, 1867-IV-1.

Socorro para unas pobres monjas, 1871-V-14.

La Voz de la Caridad, Madrid.
Carta de— (Solicita ayuda para una congregación de religiosas), 1871-IV-1, p. 24-25.

Los Niños, Madrid.
La Cruz, 1871, núm. 10, p. 147-48.
["¡Canto la Cruz! ¡Que se despierte el mundo!..."].
A la Virgen. Canto matutino, 1873, núm. 2, p. 28-29.
Mientras la aurora con rosados tintes.
Las siete palabras y María al pie Cruz, 1873, núm. 10, p. 148.
["Al cielo ofreciendo del mundo el rescate..."].

El amigo de las damas, Madrid.
A Cuba, Soneto, 1873, p. 93.
["¡Perla del mar! ¡Estrella de Occidente..."].
La Ilustración de la Mujer.
A mi amigo Zorrilla, 1-VI-1883.
["Quiero cantar, porque mi canto esperas..."].
Las almas gemelas. A Zorrilla.
["Muy joven eres, de mí distante..."].

HIJA DE DAMUJI, LA V. Clotilde del Carmen Rodríguez

HIJA DE YARA, LA V. Canciño de Beola, Manuela

MACHADO DE ARREDONDO, ISABEL "Flerida"
Colaboró en *La Moda Elegante*, Cádiz, 1866.

MÁRMOL, ADELAIDA DEL
Colaboró en *El Correo de la Moda*, Madrid.

MATAMOROS, MERCEDES
La Ilustración. Barcelona.
De Moore, 1885-febrero 15, p. 107.
["Semejante a la abeja que se oculta..."].

MIRABAL, LUTGARDA
La Moda Elegante. Cádiz.
A mis memorias, 1866, p. 344.
["Sombras funestas..."].

NIETO DE DURLAND, CARMEN
Tradujo cuentos del francés para el diario de Madrid *Ejercito y Armada*, 1912.

NÚÑEZ Y TOPETE, SALOMÉ
Publicó en la *Revista de Madrid*, en *La Academia* (1899-1878*), El Correo de la Moda, La Moda Elegante Ilustrada* (Huerta Posada, AIA, 1897, p 20).

Cuentos. Madrid. Est. Tip. de «El Correo». 1882. 236 p., 1 h.
Son 25 cuentos aunque algunos con forma de artículos.
Gerard, Jules. *El matador de leones*. Traducción del francés por— Madrid. Calpe. 1921. 246 p.
—Madrid. Espasa Calpe [1967] 176 p.

El Imparcial. Madrid.
¡La orfandad! Cuento, 1877-X-1.
Un hombre gracioso. Cuento, 1878-X-28.
"Un acto de caballerosidad", 1870-VI-23.
Parientes, 1880-VIII-16.
William el clow. (Páginas de un libro de memorias).
Las modistas, 1880-XII-6.
Los bailes, 1881-I-31.
Una persona conocida, 1881-III-21.
Mi olla, mi misa y mi doña Luisa, 1882-V-29.

La Época. Madrid.
Carta a una amiga, 1880-VIII-18.
La cita, 1885-I-26.
Las manos de Rosita (Imitación de Murger), 1885-III-30.
El día de mañana, 1886-IX-4.
El piano y el violín, 1887-IX-22, 23.
Entre paréntesis. El y ella, 1888-II-1.
El reloj de Pamplona, 1889-II-2.
Vuelo tardío, 1889-VII-28.

Flores y Perlas. Madrid
Asuntos para una novela, 1883, marzo, 22.
Mi olla, mi misa y mi doña Luisa, 1883, mayo, 3.

El Resumen
El mendigo, 1890-junio-8, Suplemento semanal ilustrado, núm. 10.

La Correspondencia de España. Madrid.
La devoción, 1891-III- 26.

La orfandad, 1891- VII-12.
El piano y el violín, 1891-VIII-16.
A Madrid me vuelvo, 1891-IX- 27.
El Teatro Real, 1891-X- 18.
Ella y él, 1891-XI-15
¡El uniforme!, 1891-XII- 6.

Mundo Gráfico. Madrid.
Charla Femenil, 1911, nov. 8, 22, dic. 13; 1912-I-17; II-7, III-6
1912.
Arte, poesía y contento, 1912-XI-20.
El preferido... 1912-XII-11.
Primores, 1912-XII-25.
1913.
¡Estos días!, 1913-I-8.
El brazalete, 1913-IX-24.
Consideraciones... 1913-XII-10.

Nuevo Mundo, Madrid.
Elegancias. Cierto misterio... 1915- VII-3.
Ayer, 1915-X-1 (Sobre la sombrilla).
Elegancias y coqueterías, 1915-VIII-13.
Visto y oído, 1915-VII-30.

El Liberal, Madrid.
Para ellas... Una carta por María Guerrero, 1913-III-15.

PÉREZ MONTES DE OCA, JULIA
Poesías. Barcelona. Gorgas y Cª [s.a.1887], 88 p. (Biblioteca de "La Ilustración Cubana").

La Moda Elegante. Cádiz.
La tarde, 1866, p. 312.
["Modesta diosa del final del día..."].
Al campo. A mi amigo Enrique Piñeiro, 1866, p. 352.
["Ahora que llega con alegre paso..."].
El genio, 1867, p. 319.
["Astro sublime de un mundo..."].
Abril. A mi amigo Anselmo Suárez y Romero, 1868, p. 95.
["Coronado de flores aparece..."].

El Correo de Andalucía. Sevilla.
Después de la lluvia. Umbría, 1901-II-11, p. 57.

["¡Cuantas gotas de rocío... "].
Algunas poesías fueron reproducidas en *La Moda Elegante* de Cádiz.

PÉREZ DE ZAMBRANA, LUISA
Colaboró en *El Correo de la Moda*, 1878, *Álbum Ibero Americano* (1893) y *Álbum artístico y literario del siglo XX* de Carmen de Burgos (Madrid). Idamor Moreno. (1901).

La Moda Elegante. Cádiz
A Ossian, 1866, p. 326.
A la música, 1866, p. 368.
["¡Oh! tú que el mundo conmovido huellas..."].

Sobre ella:
Gutiérrez Vega, Zenaida. "La poesía de madurez de Luisa Pérez Zambrana, *Boletín de la Biblioteca Menéndez Pelayo*, LXII, 1986, p. 187-98".

REYES DE HERRERA, MARÍA ANTONIA
Álbum Ibero Americano. Madrid.
"La armonía de la Naturaleza". 1900-junio 30, p. 284-85.

RODRÍGUEZ, CATALINA
La Moda Ilustrada. Cádiz.
La Iglesia, 1865, p. 23.
Mi cumpleaños, 1867, p. 166.
["¡Veinticinco primaveras!..."].
Canto a Cuba. A Carlota Ruiz de Gibert, p. 191.
["A la agradable armonía..."].
Recuerdos en el campo, 1867, p. 214.
["Campos de Cuba, mansión..."].
Ansiedad, 1867, p. 240.
["Volemos, bajel ligero..."].
El fatuo afrancesado, 1867, p. 326-327.
["Paso señores, que se acerca el necio..."].
Cuando quise o quisiste, 1868, p. 16.
["Amó Basili a María..."].
El viejo verde, 1868, 1868, p. 147.
["Murmura el vulgo, Señor..."].
Delirio, 1868, p. 226-27.
["Si asoma entre celajes la mañana..."].
Letrilla, 1869, p. 168.
["¡Ay, celo terribles..."].

RODRÍGUEZ, CLOTILDE DEL CARMEN "La Hija de Damují"
Colaboró en la *Revista Hispano-Americana político, científico y literario*.
Madrid. 1865.

La Moda Elegante. Cádiz.
A mi amigo J. G. S., 1865, p. 206.
A orillas del mar, 1866, p. 39.
A S.M. la Reina Doña Isabel, 1866, p. 96.
["Desde esta perla que el Océano baña..."].
Colón y Las Casas, 1866, p. 142.
["Hubo un hombre, cosmógrafo profundo..."].
La lluvia, p. 224.
["¿A qué tanto llover? Porque la tarde..."].
A la Srta. Dolorita Domínguez. Las dos coronas 1866, p. 308.
["No te afecte la ambición del fausto..."].
A un arroyo seco, p. 1867, p. 56.
["¡Que triste soledad! Dónde está el ruido..."].
A orillas de Jabacoa, 1867, p. 126-127.
["En las floridas riberas... "].
Un socorro tardío, 1868, p. 88.
["—Señora, por piedad, una limosna..."].
Incertidumbre, 1871, p. 134.
["Cruel oprime el pecho mío..."].
Doloras, 1871, p. 148.
["Si es nacer allí en el cielo..."].
Los que van y los que vuelven, 1871, p. 198.
["—¡Adiós! —¿Dónde vas? —Al mundo..."].

INCERTIDUMBRE

Cruel oprime el pecho mío
un dolor punzante, intenso,
como el cielo grande, inmenso,
como la noche sombría.

No preguntes lo que es,
por qué sufre el corazón,
si es una grande pasión
o una decepción tal vez.

Yo sólo sé que a mi vista
todo vive entre dolores,
no hay paisajes no colores
que de luto no se vista.

Si es esperanza perdida
o una ilusión que se vá,
no lo sé, pero es que está
envuelta en llanto mi vida.

A veces pugna la idea
por descifrar este arcano,
y su propósito es vano,
niega, duda, titubea...

Vanos mis esfuerzos son,
pues de explicación carecen,
que no hay palabras que expresen,
que no hay palabras que expresen
misterios del corazón

SANTA CRUZ, MARÍA
En *La Moda Elegante*. Cádiz
Días de amistad, 1865, p. 111
Mi amistad, 1871, p. 296
["Es de los prados violeta humilde..."].

SANTA CRUZ, MERCEDES Condesa de Merlín
Hija de los Condes de Jaruco "El salón de La condesa de Merlín" en *La España Moderna*, febrero 1893. Firmado por Sofía Gay.
Huerta Posada cita su poesía "A mi madre", 1893 (*Álbum Ibero Americano*, Madrid, 1897, p. 461.

Revista Andaluza y Periódico del Liceo de Sevilla. Sevilla.
Los esclavos en las colonias españolas, 1841-febrero, p. 241, 255, 273, 293.

TRONCOSO, MATILDE
Sin Dios. Barcelona. 1891.
(Trelles, VII, p. 256).

VERDUGO DE ARAZOZA, PILAR
El galeote. Madrid. 1887.
(Trelles, VII, p. 73).
La Moda elegante, Cádiz.
¡Imposible!, 1866, p. 1866, p. 143.
["Quisiera ser poetisa..."].

ZEPERO, MARÍA
Recepción por S.M. de María Zepero, *La Esperanza*, Madrid, 1865-II-19.

PUBLICACIONES ESPAÑOLAS SOBRE GERTRUDIS GÓMEZ DE AVELLANEDA

Ediciones de sus obras en el siglo XX (en orden cronológico)

Autobiografía y Cartas: (Hasta ahora inéditas) de la ilustre poeta Gertrudis Gómez de Avellaneda. Con un prólogo y una necrología por Lorenzo Cruz de Fuentes. Huelva: Miguel Moro y Compañía. 1907. 155 p.
— 2ª ed. corr. y aum. Madrid. Imp. Helénica. 1914.

Diario de amor, obra inédita. Prólogo, ordenación y notas de Alberto Ghiraldo. Madrid. Aguilar [¿1928?]. 222 p.

Antología. Prólogo y selección de Fernando Gutiérrez. Barcelona: Montaner y Simón. 1943. XL, 188 p.

Epistolario inédito de doña Gertrudis Gómez de Avellaneda (1841-1871). Publícalo Antonio Rodríguez Moñino. Valencia: Tip. Moderna. 1959. 54 p.

Baltasar. Introducción y notas de Carmen Bravo Villasante. Salamanca: Anaya. 1973. 154 p.

Obras de doña Gertrudis Gómez de Avellaneda. Edición y estudio preliminar de José M. Castro y Calvo. Madrid: Ediciones Atlas. 1974-1981. 5 vol. (Biblioteca de Autores Españoles, 272, 278-279, 288).

Manual del cristiano. Nuevo y completo devocionario. Introducción y edición de Carmen Bravo Villasante. Madrid: Fundación Universitaria Española. 1975. 234 p.

Poesía y Epistolario de Amor y de Amistad. Edición, introducción y notas de Elena Catena. Madrid: Castalia. Instituto de la Mujer. 1989. 364 p. (Biblioteca de Escritoras; 9).

Sab. Edición de Virgilio Ortega. Barcelona: Orbis. 1989. 205 p.

Autobiografía. Prólogo de Sergio Beser. Barcelona: Círculo de Lectores. 1996. 183 p.

Sab. Edición José Servera. Madrid: Cátedra. 1997. 275 p.

Autobiografía y cartas. Estudio y notas de Lorenzo Cruz Fuentes. Huelva: Diputación Provincial. 1997. 247 p. Il.

Baltasar, La hija de las flores. Edición M. Prados Mas. Madrid: Publicaciones de la Asociación de Directores de España. 2000. 428 p.

Estudios sobre ella (en orden cronológico)

"La Avellaneda en La Habana", en *El Mundo Pintoresco*, III, 1860, p. 37. Noticia de la fiesta celebrada con motivo de su regreso a aquella ciudad. Poesía que leyó en el acto, titulada *Saludo a Cuba* ["¡Perla del mar! ¡Cuba hermosa!..."].

Aramburú y Machado, Mariano. (1898). *Personalidad literaria de doña Gertrudis Gómez de Avellaneda; conferencias pronunciadas en el Ateneo Científico, literario y artístico de Madrid el año de 1897.* Madrid: Imp. Teresiana: 285 p.

Altamira, Rafael. "La Avellaneda", en *Cultura Española* XI, p. 692.

Hispanus. (1904). "Los primeros juegos florales de Matanzas y la Avellaneda", en *La España Moderna* CLXXXII: 142.

Cotarelo y Mori, E. (1915). "Doña Gertrudis Gómez de Avellaneda. Indicaciones bibliográficas con motivo de un libro reciente", en *Boletín de la Academia Española* II: 362-383.

Chacón y Calvo, J. M. (1922). "Gertrudis Gómez de Avellaneda. Las influencias castellanas: examen negativo", en *Ensayos de Literatura Cubana*. Madrid: Ed. Callej: 187-219.

Viñas, Tomás. (1925). "Gertrudis Gómez de Avellaneda", en *Revista de archivos, bibliotecas y museos* 46: 490.

Figarola-Caneda, Domingo. (1929) *Gertrudis Gómez de Avellaneda. Biografía, bibliografía e iconografía incluyendo... cartas y sus memorias*. Notas ordenadas y publicadas por doña Emilia Boxhorn, viuda de—. Madrid: Industrial Gráfica, 292.

Cotarelo y Mori, E. "La Avellaneda y sus obras", *en Boletín de la Real Academia Español* 1928 XV, núm. 75: 583; 1929, XVI, núm. 76: 5; núm. 77: 131; núm. 78: 267; núm. 79: 395; núm. 80: 529; 1930, XVII, núm. 81: 5; núm. 82: 145.

— *La Avellaneda y sus obras. Ensayo biográfico y crítico*. (1930). Madrid: Tip. De Archivos 450.

Bravo Villasante, Carmen. (1946). *Una vida romántica. La Avellaneda*. Madrid: Cultura Hispánica.

Ballesteros, Mercedes. (1949). *Vida de la Avellaneda*. Madrid: Cultura Hispánica.

Válgoma y Díez-Varela, Dalmiro. (1952) *El linaje de la poetisa Gertrudis Gómez de Avellaneda*. Valencia: Sucesores de Vives Mora.

Pardo Canalís, Enrique. (1964). "El retrato de la Avellaneda de F. de Madrazo", en *Goya* 60: 434-37.

Bravo Villasante, Carmen. (1968). "Las corrientes sociales del Romanticismo en la obra de la Avellaneda", en *Cuadernos hispanoamericanos* 228: 771-75.

Carlos, Alberto, J. (1969). "Un error de Gertrudis Gómez de Avellaneda", en *Boletín de la Biblioteca Menéndez Pelayo*, Santander: 327-30.

Martí de Cid, Dolores y José Cid-Pérez. (1973). "Perennidad de la Avellaneda", en *Revista de archivos, bibliotecas y museos*, LXXVI: 2: 413-422.

Bravo Villasante, Carmen. (1973). *Gertrudis Gómez de Avellaneda*. Conferencias pronunciadas... con motivo del centenario de la escritora hispano cubana los días 19, 21 y 23 de noviembre de 1973. Madrid: Fundación Universitaria Española. 80 p.

Rexach, Rosario. (1973/74) "La Avellaneda como escritora romántica", *en Anales de literatura Hispanoamericana*, XVII: 2-3: 241-254.

Barbero, Teresa. (1974). "Gertrudis Gómez de Avellaneda: la divina Tula", en *La Estafeta Literaria*, 533: 21-22.

Fernández del Campo, José P. (1975). *Algunas cartas inéditas de Gertrudis Gómez de Avellaneda existentes en el Museo del Ejército*. Madrid: Fundación Universitaria Española. 70 p.

Delgado, Jaime. (1978). "El *Guatimozín* de Gertrudis Gómez de Avellaneda", en *XVIII Congreso del Instituto Internacional de Literatura Iberoamericana. El barroco en América; Literatura hispanoamericana; Crítica histórico-literaria hispanoamericana*, Madrid: Cultura Hispánica: pp. 959-70

Barreda Tomás, Pedro. (1978). "Abolicionismo y feminismo en la Avellaneda", en *Cuadernos hispanoamericanos* 342: 613-625.

Valdés-Cruz, Rosa. (1982). "En torno a la tolerancia de pensamiento de la Avellaneda", en *Cuadernos Hispanoamericanos* 380: 463-67.

Alonso Seoane, María José. (1983). "Importancia del elemento autobiográfico en la novela 'Sab' de Gertrudis Gómez de Avellaneda", en *Alfinge*, 1: 21-41.

Bravo Villasante, Carmen. (1986). *Una vida romántica. La Avellaneda*. Madrid: Cultura Hispánica.

Deyermond, Alan. (1986). "From old Testament to new: The identity of a poem by Avellaneda", en *Homenaje a Pedro Sainz Rodríguez*. Madrid: FUE, II, 141-146.

García Morales, Alfonso. (1986). "Visión romántica de Andalucía en Gertrudis Gómez de Avellaneda. La *Autobiografía* de 1838", en *V Jornadas de Andalucía y América*. Sevilla: Escuela de Estudios Hispanoamericanos: 241-258.

Guerra, Lucía. (1987) "Transgresión femenina del folletín en 'Dos mujeres', de Gertrudis Gómez de Avellaneda", en *Las relaciones literarias entre España e Iberoamérica. XXIII Congreso del Instituto de Literatura Iberoamericana, Madrid 25-29 de junio de 1984*. Madrid: Universidad Complutense: 859-867.

Rexach, Rosario. (1987). "Conexiones entre las leyendas de Bécquer y las de la Avellaneda", en *Las relaciones literarias entre España e Iberoamérica. XXIII Congreso del Instituto de Literatura Iberoamericana, Madrid 25-29 de junio de 1984*. Madrid: Universidad Complutense: 269-278.

Sebold, Russell P. (1987). "Esclavitud y sensibilidad en 'Sab' de la Avellaneda", en *De la Ilustración al Romanticismo...* Cádiz: Universidad: 93-108.

Kirpatrick, Susan. (1989). "Gertrudis Gómez de Avellaneda, Carolina Coronado y Rosalía de Castro: estudios recientes", en *Ínsula*, Madrid 516: 12-13.

Marrero Enríquez, José M. (1990). "Amor, patria e ilustración en el esclavo abolicionista de *Sab*", en *Anales de Literatura Hispanoamericana* 19: 47-57.

González Ruiz, Julio. (1991). "El tema de la esclavitud en la literatura femenina del siglo XIX", en *IX Encuentro de la Ilustración al Romanticismo (1750-1850). 'Historia, memoria y ficción'*. Cádiz: Universidad de Cádiz: pp. 137-148.

Rexach, Rosario. (1992). "Un nuevo epistolario amoroso de la Avellaneda", en *Actas del X Congreso Internacional de Hispanistas*. Barcelona: PPU, 1421-1430.

Fernández Rodríguez, Teodosio. (1993). "Gertrudis Gómez de Avellaneda en Madrid", en *Anales de Literatura Hispanoamericana* XXII: 115-125.

Durán, Fernando. (1994). "La autobiografía romántica de Gertrudis Gómez de Avellaneda y la literatura de confesión en España", en *VII. Encuentro de la Ilustración al Romanticismo: Cádiz, América y Europa ante la modernidad*. Cádiz: Universidad, pp. 459-468.

Martínez Gómez, Juana y Almudena Mejías Alonso. (1994). *Hispanoamericanas en Madrid (1800-1936)*. Madrid: Horas y Horas.

Roldán, Amalia. (1994). "Tiempos modernos y la pervivencia de los viejos modelos. Tipos femeninos en *Baltasar* de Gertrudis Gómez de Avellaneda", en *VII Encuentro de la Ilustración al Romanticismo: Cádiz, América y Europa ante la modernidad*. Cádiz: Universidad, pp. 589-597.

Arriaga Flórez, Mercedes. (1995). "La escritura diarística en clave bajtiniana: Gertrudis Gómez de Avellaneda y Sibilla Aleramo", en *Actas del IV Seminario Internacional del Instituto de Semiótica Literaria y Teatral*, Madrid: Visor: 165-73.

Fuente Ballesteros, Ricardo de la. (1996). "El *Baltasar* de Gómez Avellaneda y algunas cartas a Hartzenbusch", en *Siglo XIX*, Valladolid: 1, pp. 117-138.

Banusch, Susanne. (1996). "'Baltasar' de la Avellaneda", *en Cuadernos Hispanoamericanos*, 548: 121-129.

Pastor Pastor, Brígida. (1996). "Simbolismo autobiográfico en la novela *Sab* de Gertrudis Gómez de Avellaneda", en *Aldaba* 28: 389-403.

Rexach, Rosario. (1996) *Estudios sobre Gertrudis Gómez de Avellaneda: (la reina mora de Camagüey)*. Madrid: Verbum, 84 p. (Verbum ensayo).

Ianes, Raúl. (1997). "El viaje por el texto: Guatimozín y las aventuras de la épica romántica", en *Actas de las Terceras Jornadas Nacionales de Literatura Comparada*: 391-401.

Roselló Selimov, Alexander. (1997). "Sensibilidad y verosimilitud en la prosa romántica: un acercamiento al arte narrativo de la Avellaneda", en *Salina* 11: 100-107.

Varela Jácome, Benito. (1997). "Función de lo fantástico en dos leyendas de Gómez de Avellaneda", en *Narrativa fantástica en el siglo XIX: (España e Hispanoamérica)*. Edición al cuidado de Jaume Pont, Lleida: Milenio: p. 107-118.

Pastor Pastor, Brígida. (1998). "Influencia de los ilustrados Montesquieu y Rousseau en el pensamiento liberal de la escritora cubana Gertrudis Gómez de Avellaneda", en *Actas del II Congreso Internacional de Hispanistas. Del 31 de Octubre al 4 de Noviembre de 1996 celebrado en la Universidad Internacional de Andalucía. Sede 'Antonio Machado', Baeza (Jaén)*, Málaga: Editorial Algazara: pp. 549-68.

Balcells, José María. (1998). "Perspectivas apocalípticas en la Avellaneda, Guimerà y Clarín" en *Estudios de Literatura Española de los siglos XIX y XX. Homenaje a Juan María Díez Taboada*. Madrid: Consejo Superior de Investigaciones Científicas: pp. 167-173.

Mejías, Almudena. (1998). "Primera y única edición de una novela de Gertrudis de Avellaneda", en *Pliegos de Bibliofilia* 3: 67-71.

Jiménez Faro, Luz María. (1999). *Gertrudis Gómez de Avellaneda, la dolorida pasión*. Madrid: Torremozas: 79 p.

Pastor Pastor, Brígida. (1999). "Mujer y transgresión en la prensa cubana del siglo XIX: *Álbum de lo bueno y lo bello*", en *Isla de Arriarán* 14: 325-344.

Simón Palmer, María del Carmen. (2000). *"Lego a la tierra, de que fue formado, éste mi cuerpo mortal...* Últimas voluntades de Gertrudis Gómez de Avellaneda", en *Revista de Literatura*, 124: 525-570.

Repertorios consultados

García de Coronado, Domitila. (1926). *Álbum fotográfico de escritoras y poetisas cubanas, escrito en 1868 para la señora Gertrudis Gómez de Avellaneda.* Repro. de la 3ª ed. Habana.
González Curquejo. (1913). *Florilegio de escritoras cubanas.* Habana. 3 vol.
Simón Palmer, María del Carmen. (1991). *Escritoras españolas del siglo XIX. Manual bio-bibliográfico.* Madrid: Castalia.
Trelles, Carlos. (1914-1916). *Bibliografía cubana de los siglos XIX y XX.* Matanzas: Quirós y Estrada. 3 vols.

From Exile to Double Minority:
Women Writers in Cuban Exile Theater

Maida Watson (Miami)

DURING the last thirty years a largely unknown body of dramatic literature has chronicled the experience of Cuban exiles in the United States. This literature is thematically as varied as the Cuban exile population, the group among Hispanic minorities that, according to scholars, includes the greatest range of age and socio-economic classes.[1] Women writers within this group reflect the diversity of the Cuban exile population as a whole. These dramatists include writers such as María Irene Fornés, who has forged her career in the English-speaking New York theater, Dolores Prida and Ana María Simó who are part of a hyphenated, hybrid Cuban American theatrical milieu in New York, Uva Clavijo who has lived in the Cuban enclave of Miami for more than thirty years[2] and writers who have arrived from Cuba during the last ten years. Their plays deal with the life of Cubans in the U.S., with the nostalgia of exile as well as with abstract, impressionistic themes. They reflect the realities of lives spent in places as varied as New York's theater world, Miami's middle class neighborhoods and the Cuba of the last twenty years.

---

[1] See my article, Watson, Maida. (1984). "Ethnicity and the Hispanic American Stage: The Cuban Experience", in: Kanellos, Nicolás (ed.). *Hispanic Theater in the United States.* Houston, Texas: Arte Público Press, pp. 34-44.

[2] For more information on these dramatists see my articles, Watson, Maida. (1988). "Teatro, mujeres hispanas e identidad", in: Cortina, Rodolfo (ed.). *Hispanos en los Estados Unidos.* Madrid: Ediciones de Cultura Hispánica, pp. 285-296 and Watson, Maida. (1991). "The Search for Identity in the Theater of Three Cuban American Female Dramatists" in: *The Bilingual Review, La Revista Bilingüe.* 16.2-3: 188-196.

Technically, Cuban exile theater continues trends prevalent in the Cuban pre-Revolutionary stage, namely, the predominance of the "costumbrista-realista".[3] mode and of a more symbolic stage, one in which authors are concerned as Terry Palls has noted with "un realismo subjetivo, el cual se presenta en términos no realistas" (a subjective realism, one which is portrayed in nonrealistic terms).[4] Dramatists such as Uva Clavijo, Dolores Prida and Ana Mario Simó utilize the techniques of the first style of writing to explore the exile's feelings of isolation and cross cultural conflict, the rootlessness of the younger Cuban-Americans, the problems both of alienation and assimilation. Writers such as Yolanda Ortal-Miranda and Mary Calleiro use fantasy, symbolism and the techniques of the European theater of the absurd to examine man's inhumanity to man, the figure of the Latin-American dictator and the effect of repressive regimes on the individual's integrity.

Although the traditional Cuban costumbrista interest in types and customs in the 19th century evolved into a literature that described Cuban exile life in the United States, Cuban exile theater continues an interest with themes popular in pre-Revolutionary Cuban theater: Afro-Cuban magic, the all engulfing Cuban family and the Cuban underworld as a symbol of Cuban society. Dramatists initiate an exploration of Cuban ethnic identity, which in many ways reminds us of the preoccupation in pre-Revolutionary Cuba with national identity. Women dramatists add to this preoccupation for national and ethnic identity a quest for a gender-free sense of identity and an exploration of women's role in contemporary US society.

The theater written by Cuban women in exile is not just a continuation of pre-Revolutionary drama. This is not a "frozen theater" to coin a term based on another term, that of the "frozen culture," a name used by psychologist Fernando Gonzalez-Reigosa to describe the exile culture that lives frozen in its past habits and customs (González-Reigosa, 1976). Rather, it is the literary expression of a group of people who have lived during the last thirty years surrounded by the influences of the modern United States movie, TV and stage world. The influence of the New York musical comedy is reflected in plays such as Dolores Prida's "Coser y

---

[3] "Costumbrismo-realismo" usually refers to literary works that deal with details of everyday life. See Watson, Maida. (1980). *El cuadro de costumbres en el Perú decimonónico*. Lima: Universidad Católica del Perú.

[4] Pall, Terry L. (1974). *The Theater in Revolutionary Cuba, 1959-1969*. Unpublished PhD. Dissertation, Kansas.

Cantar" (manuscript). Television, with its serialized life, has influenced the plays of all these dramatists. Another of Dolores Prida's plays, "Beautiful Señoritas" (manuscript) suggests the influence of Luis Valdés, the Chicano dramatists or perhaps just the identical contact with Bertold Brecht and agit-prop theater.

This is a theatrical movement that, in contrast to the Nuyorican and the Mexican American preoccupation with current events, is deeply concerned with the past. The past serves a double function in the Cuban exile stage. It becomes both a means of producing nostalgia as well as something from which to escape. It must thus be exorcised or recreated. Ana María Simó's play "Exiles" is an example of the female dramatist's particular relationship to the past. In it Simó explores not only the development of Cuban ethnicity but the identity of women in general. A character played by two actresses portrays different parts of the same personality. Elsa and Olga are two sides of the same young woman who has lived through the Castro revolution, but who is forced to leave Cuba as a result of political oppression. Elsa is described by her theater teacher as "lazy, arrogant, but bright." Olga is described as a "spoiled girl from a good family" (Simó manuscript, 118). When Olga defects in Paris, Elsa begins a long and complicated correspondence with her. She begins the quest for her true identity by trying to understand Olga.

The use of slides and background scenes in the tradition of documentary theater is used to emphasize the dual nature of the character Elsa/Olga. Though Olga never directly meets Elsa, she appears often in background tableau playing the piano while Elsa interacts with other actors in the foreground. At one instance Olga even takes a Polaroid camera and starts taking pictures of Elsa with a flash. The pictures fall on the floor, emphasizing the fact that each one is a picture or a reflection of the other (Simó manuscript, 2).

The process of exile is described as "the day the sky fell" and characters talk constantly of remembering and memory. Elsa says "I want to stay on the island and forget. Leave and forget" but another character, Ana, says to her "learn to remember." Paule and Elsa sing a song in which Paule says "there is no sea outside the dark one of your memory" (Simó manuscript, 2). While they talk the radio describes the riots of Cuban exiles during the Mariel boatlift. The process is not finished and, like a cycle, exile will begin again for others.

The theme of memory and of remembering the past is present in many of the plays of the Cuban exile women dramatists. It is a constant theme in dramatists as different as María Irene Fornés, who writes in English and has lived in the United States for over a decade, and Carmen Duarte, who writes in Spanish and has resided in the US for just over six years. It becomes associated with the analysis of the exile experience and sometimes with the effect of life spent in the USA as an exile.

María Irene Fornés, another Cuban American writer, is a distinguished dramatist who has forged her career in the English speaking theater world of New York. She first received critical acclaim in 1977 with the play *Fefu and her Friends* in which eight women reunite for a weekend's retreat during which they unveil their hopes, regrets, and yearning. Her work evades classification, ranging from musical light work (*Promenade*) to the astringent examination of poverty (*Mud*) to the exploration of the cruelties of dictatorship (*The Conduct of Life*). In her play "Sarita" one of the characters, Fernando, speaks of the nostalgia and idealization of the past that is so frequently mentioned in the plays that deal with the post-Castro exile from the island. The remembrance of the past is concretely identified by the characters as one of the elements that they must reject if they want to be assimilated into the dominant North American culture. Fernando says, "Then, it happened that I didn't think of my island anymore. I thought of the people here. That's how I became an American. I thought of the people here" (Fornés manuscript, 71).

Carmen Duarte brings to the writings of her plays a full career directing and writing plays in Cuba before she sought political exile in Miami in 1994. Her plays were successfully published and staged in Cuba before 1994, where she was the Director General of the Teatro Luminar. Her plays have been translated into German and Polish. During the six years that she has lived in Miami, she has written two plays, "Ausencia quiere decir olvido" (Absence Means Forgetting) and the monologue "El Punto mas cercano" (*The Closest Place*).[5]

"Ausencia quiere decir olvido" is set in contemporary Miami and tells of the arrival to an older, retired Cuban couple of their nephew from Cuba, Ramón. The theme, of the arrival of a relative from Cuba who is at first greeted with open arms followed by the disenchantment produced from the differences in the Miami Cuban exile world and the one left behind in the island, has become a popular theme in the vaudeville, comic theater of contemporary Miami. Plays with titles such as "A Josesito le llegó un primo por Mariel" (Joey received a cousin from the Mariel boatlift) satirize and poke fun at what

---

[5] These two plays are unpublished.

is a real problem, the enormous differences which have arisen between the two Cubas, island and exile, as a result of their 33 year separation. The older couple, Eusebio and Conchita, have worked hard, sent money to Cuba for years to help their relatives and exemplify the first wave of Cuban exiles. They have not been very successful economically, but over the years their behavior patterns have adapted to the American way of life. Ramón and his wife, Teresa, on the other hand have grown up in a different world, one in which a lack of economic opportunity has produced different patterns of behavior. Carmen Duarte explores these differences through the clever use of dialogue and characterization. The theme of remembrance reverberates throughout the play. Eusebio, the husband of the older exile couple, states in the beginning of the play that he doesn't want to make himself suffer by remembering Cuba.[6] Lalita, Eusebio and Conchita's daughter, speaks Spanish with a strong English accent and says that she doesn't remember anything at all about Cuba (Duarte manuscript, 21). When the couple arrived from Cuba begin to experience marital problems as a result of the pressure of adapting to their new way of life, Teresa, Ramón's wife, accuses him of having forgotten what he was like in Cuba (*ibid.*: 74). When they have finally decided to get a divorce, Ramón says to Teresa "Olvídate del pasado. Olvídate de Cuba. Teresa. No mires hacia atrás" (Forget the past, forget Cuba, Teresa don't look back)" (*ibid.*: 84). Left by herself in the empty apartment, Teresa muses out loud and she says "¿Nosotros nos olvidaremos de Cuba como los que están en Cuba se olvidarán de nosotros? Qué vacío y grande se ve este estudio ahora. Sólo se siente la ausencia y el dolor de la ausencia. Debe de ser por eso que olvidamos, claro, cuando la nostalgia nos atormenta preferimos arrancar los recuerdos y olvidar" (Shall we forget about Cuba like those in Cuba will forget about us? How empty and big this studio apartment seems. One only feels the absence and the pain of that absence. That must be the reason why we forget, of course, when nostalgia tortures us we prefer to tear out our memories and forget) (*ibid.*: 85).

An alternative to the recreation of a nostalgic past is to purge the past and assimilate to the mores of the dominant Anglo culture. This brings about at times conflict between the two cultures. In Dolores Prida's bilingual play *Coser y Cantar* the main and only character is played by two actresses named "Ella" and "She" who represent the modern Cuban American woman, torn between her Hispanic past and her americanized present. "Ella" represents

---

[6] Carmen Duarte, *Ausencia quiere decir olvido* (all translations to English are my own), unpublished manuscript, 16.

the Hispanic woman, a character who reads women's Spanish language magazines, novels by Corin Tellado and watches the Spanish language equivalent of the "soaps" on television. "She" is the americanized part, played by a second actress, who intellectualizes everything, wears jogging clothes, and tries to exemplify the modern liberated woman. "Ella" resents the presence of "She", but "She" tells her that "She" has saved "Ella" from living locked in the past. The differences between the two cultures are most apparent when their lover breaks up with them. "She" intellectualizes, rationalizes, makes excuses, but "Ella" lets out her anger at the former lover as she says, "Pero quién carajo tú te crees que eres para venir a tirarme así como si yo fuera una chancleta vieja" (Who do you think you are to throw me out as if I were an old bedroom slipper).[7]

The preoccupation with the past also includes plays that use the exploration of the past as a means to search for identity by trying to understand the phenomenon that caused the exile, the Cuban Revolution and the dictatorship of Fidel Castro. The theater becomes a symposium in which to study the nature of dictatorship, repression in general, and the particular characteristics of Pre-Revolutionary Cuban society. The plays that explore the nature of the Cuban Revolution normally approach the subject matter from the perspective that the Cuban Revolution was a totally negative process for the country. Yolanda Ortal-Miranda's play *The Sleepwalker's Ballad* (Ortal-Miranda, 1991) explores this theme by studying events in Cuban history which create a background to the love story in the play while Mary Calleiro in her play "Los insuficientes" uses techniques from a more impressionistic theater world to analyze the psychological reality of the pre-Castro Cuban society.

Ortal-Miranda's play recreates events from the last two years of the Batista regime and the first two years of Castro's regime as a dramatic and emotional milieu for the story. The play seems more like a movie script than a stage play. The story takes place through a series of flashbacks during which the events in New York in the late 1980's are compared to similar events in 1957 Cuba. A young couple, María and Alfredo, who form part of the generation of Cubans who embraced the Revolution, fall in love and eventually become disenchanted with the changes in the Revolution. Alfredo plots to kill Castro and is caught and assassinated. María is forced to flee the country and seek exile in the United States. The play recounts with realistic, horrifying details scenes of torture, assassination and destruction.

[7] Dolores Prida, *Coser y Cantar*, unpublished manuscript, 3.

Mary Calleiro's play *Los insuficientes* (The Incompetents) (Calleiro, 1989) on the other hand uses technique of the modern theater to explore the pre-Castro society and the effects of the Cuban Revolution on a group of members of the island élite. In contrast to the play by Ortal-Miranda, *Los insuficientes* is vague as to exact details. The play is universal and could take place in any part of the world. The only thing that we know for sure is that the play is set in 1960-61. We are told that the characters have just gone through a revolution. One of the characters, Carlos, says "Llevamos así desde que terminó la revolución" (We have been like this since the end of the revolution) (Calleiro, 1989: 17). Later on another character, Vivian, refers to "este cambio que nuestro país está sufriendo" (this change that our country is going through) (*ibid.*: 18). We can assume that the characters are talking about the Cuban Revolution, but they could be talking about any revolution.

The play, reminiscent of Sartre's theater, places the characters in a closed world, one in which they are separated from the outside world of reality. Like the characters in the Puerto Rican playwright René Marqués' play *Los soles truncos* who live hidden from time and the modern world in their house in Old San Juan, the characters in *Los insuficientes* live hidden from time and in a house where they are protected from the outside world. One of them, Alejandra, says "Me siento bien en la casa. Allá afuera el tiempo es espantoso. Uno se da cuenta como pasa... Esta quietud es agradable. Aquí reuno las realidades que me interesan" (I feel comfortable in this house. Outside time is terrifying. You become aware that it is passing. This calm is comforting. Here I can put together the part of reality that interests me) (Calleiro, 76). Another character in the play refers to others as the living dead. She says "son unos muertos en vida" (Calleiro, 81).

As in Carmen Duarte's play *Ausencia quiere decir olvido* and in Ana María Simó *Exiles* the characters in *Los insuficientes* suggest that the only remedy to the pain of memory is to forget. Leonel says "los muertos se olvidan de los vivos y los vivos recuerdan demasiado a los muertos. Tiene que olvidar" (The dead forget about the living and the living remember the dead too much. She has to forget) (*ibid.*: 93). The play uses a circular structure as in other modern plays. At the end of the play the characters comment on how things have not changed, everything is still the same. Leonel says "Todo igual de nuevo. Nada cambia, nada, nada" (Everything is still the same, nothing changes) (Calleiro, 95) and Vivian answers him "Esa es la vida. ¿Qué esperabas que cambiara?"(That is life, what did you expect that would change) (Calleiro, 95).

A few of the dramatists explore in their plays not only the alienation of exile life, but the development of a new Cuban society in the United States and the identification of Miami with pre-Revolutionary Cuba. In some cases they contrast the Cuban society that has developed in Cuba during the past thirty three years with the life of Cubans living outside the island. Uva Clavijo in her play *With All and for the Good of All* and Carmen Duarte in her previously mentioned play *Ausencia quiere decir olvido* are particularly interested in the contrast between these two societies.

Uva Clavijo's play, subtitled "Cuban farce", explores aspects of the Miami exile community in 1986 through the literary device of a group of characters on their way to give help to the Contras in Nicaragua whose airplane crashes in an unknown country, called Cutopia, an obvious blend of Cuba and utopia. By choosing this name, Clavijo satirizes the Cuban exile tendency to think of the Cuba of the past as utopia, a paradise lost. She also contrasts different aspects of Cuban society: the exiles who arrived in the first wave of refugees, those who arrived with the Mariel boatlift and those who grew up in Cuba.

Clavijo's play is written in the realistic-costumbrista tradition so popular in Cuban literature. She gives her characters significant names, reminding us by the use of this literary device of the 19th century sketch of customs and manners. The older generation of Cubans, those who arrived in the early 1960's are represented by Sir Preterit Perfect, 77 years old, and his wife Madame Pains Cross Perfect. They are dressed in very conservative clothes, and Sir Preterit Perfect wears a pin with the Cuban Bar Association insignia in his lapel, reminding the audience of the numerous amount of former lawyers among the older exiles. His wife, also dressed very conservatively, is taking a Martí basket to the freedom fighters, satirizing this way the custom of Miami society ladies of taking baskets of gifts to the poor to celebrate Martí's birthday. Another character, Johny Know-It-All, represents the younger generation of Cuban-Americans, those who have assimilated to American mores, like the daughter Lalita in Carmen Duarte's play. Johny Know-It-All complains about certain aspects of the Cuban enclave society in Miami: the lack of respect for the younger generation's ideas, the bickering among different factions and the existence of a society frozen in time. When Sir Preterit states that he has spent all his years in exile trying to teach the younger generation about Cuba, Johny Know-It-All answers him: "And what can you teach us if for each one of you the clock stopped the day you left Cuba" (Clavijo, 1991: 172.) One particular character, a 25 year old girl named Hope Still serves to compare the society created by the older exiles in the United States with the younger Cuba that has grown up in the island. Her name, Hope, refers to the author's optimism that Cubans may still be able to adapt to change and that both island and exile communities will co-exist peacefully in a not so distant future. She is constantly contrasted in the play with the older lady, Madame Pains, particularly as regards Hope's sense of being an independent woman. When Madame Pains's husband speaks for her always, Hope says to him "Why do you have to respond to everything your wife says" (*ibid.*: 167). Later on in the play she describes the women in the exile community as frivolous and says "that they live in the shadow of their husbands" (*ibid.*: 174).

Like Carmen Duarte's character Teresa in her play *Ausencia quiere decir olvido*, Hope is the character who analyzes the differences between the two Cuban cultures. Teresa, the recently arrived Cuban exile, says to her husband when talking about the exiles in Miami, "Sí, igual que allá, aquí hay que seguir teniendo dos caras" (Yes, just like over there, here you have to continue to be two faced) and she says to him when he accuses her of exaggerating everything negative about Cuba "Claro, no ves lo contentos que se ponen cuando les hablas mal de Cuba. Hay que sobrevivir" (Of course, don't you see how happy they get when you speak badly about Cuba to them. One has to survive) (Duarte manuscript, 15). Hope, the character in Uva Clavijo's play, says to Madame Pains, the older Cuban exile woman, "There they spend all the time speaking ill of the Americans, exalting the Revolution and if perhaps one feels some desire to know about the years before the Revolution, he manages to find out only that everything was bad. Here it is the same, but upside down. They spend time speaking ill of the Communists, exalting one another and the glories of the republic" (Clavijo, 169).

The use of language varies from dramatist to dramatist. In most cases, plays are written completely in one language, Spanish, such as in the case of Uva Clavijo, or English, as in the case of María Irene Fornés. Plays such as Dolores Prida's "Beautiful Señoritas" and "Coser y Cantar" which use bilingual elements and code switching to underline ideas and to express different themes are the exception. Lilian Manzor-Coats has underlined the importance that the choice not only of which language to use in artistic creation, but whether to mix both languages or just use one or the other, has for defining social and political representation. She states that "language is an integral aspect of culture and identity formation" (Manzor-Coats, 1994: 26) and she argues that the decision to opt for both Spanish and English is the true sign of identity in US Cuban Theater. She states "we can opt for Spanish, the original language which can almost ensure us silence, or English, the imposed language which is going to give us a presence and a voice. And we can opt for both. With this choice we situate ourselves on the border, on the margin, thus refusing to participate in an already given and monolingual America" (*ibid.*: 27).

In the play *Sarita* María Irene Fornés continues a trend in Cuban exile theater that was present in pre-Castro island Cuban theater, the interest in Afro-Cuban religion. Fornés uses the details of Afro-Cuban rites to explore ethnic identity. Yeya, a character in the play, reads the tarot cards and communicates with the saints through Santería, the Afro-Cuban mixture of Catholic ritual and African religion. Sarita and Fela, two other characters, decorate an altar to Oshun, the Santería god. With Juan and Fernando, other characters in the play, they take part in a chant to the Santería gods in African dialect.

Plays such as the ones mentioned in this article are indicative of current trends in the theater written by Cuban exile women. In contrast to exile prose and poetry, whose thematic focus continues to be the Cuban Revolution and Pre-Revolutionary Cuba, the theater evidences an interest in problems of assimilation to life in the US. Older writers and some of the authors who had arrived with the Mariel exodus, continue to demonstrate a keen interest in the past and to favor the absurdist mode over the more realistic one. But younger authors and particularly those who write in the areas near the New York theater world focus their plays on topics such as generational conflict, cross-cultural conflict and the themes of ethnic and gender identity. They use an eclectic mix of techniques, interweaving Brechtian styles with traditional realism and the influences of the Broadway musical.

Older writers and those recently arrived from Cuba tend to write completely in one language or the other, Spanish or English. Some authors, nevertheless, begin to experiment with the use of language in their plays, mixing at times Spanish and English for artistic purposes.

BIBLIOGRAPHY

Primary Material

Calleiro, Mary. (1989). "Los insuficientes". In *Teatro*. Miami: Sibi.

Clavijo, Uva. (1991). "With All and for the Good of All", in *Cuban American Theater*. Houston: Arte Público Press.

Duarte, Carmen. *Ausencia quiere decir olvido*. Ms.

Fornés, María Irene. *Sarita*. Ms.

Manzor-Coats, Lilian. (1994). "Who Are You Anyways?", in *Lo que no se ha dicho*. New York: Ollantay Press.

Prida, Dolores. *Coser y Cantar*. Ms.

Simó, Ana María. *Exiles*. Ms.

Criticism

González-Reigosa, Fernando. (1976). "Las culturas del exilio", in *Boletín del Instituto de Estudios Cubanos*. Madrid: October 1.

Ortal-Miranda, Yolanda. (1991). *The Sleepwalkers' Ballad*. New York: Senda Nueva.

Pall, Terry L. (1974). *The Theater in Revolutionary Cuba, 1959-1969*. Diss. Kansas U.

Watson, Maida. (1980). *El cuadro de costumbres en el Perú decimonónico*. Lima: Universidad Católica del Perú.

— (1984). "Ethnicity and the Hispanic American Stage: The Cuban Experience", in Kanellos, Nicolás.(ed.) *Hispanic Theater in the United States*. Houston: Arte Público Press.

— (1988). "Teatro, mujeres hispanas e identidad", in Cortina, Rodolfo (ed.). *Hispanos en los Estados Unidos*. Madrid: Ediciones de Cultura Hispánica.

— (1991). "The Search for Identity in the Theater of Three Cuban American Female Dramatists", in *The Bilingual Review. La Revista bilingüe*. 16.2-3.

Fragmentos de un (cotidiano) discurso amoroso: la poesía de Carilda Oliver Labra, Fina García-Marruz, Dulce María Loynaz

Irina Bajini (Milán)

SIGLO XX, Matanzas, Cuba: a principios de la década de los 50, una señorita de tez clara y serios estudios de Leyes, doctora en Derecho Civil y abogada, desafía la ciudad saliendo de su casa con el pelo teñido de verde. Además de extravagante en el aspecto exterior, la joven mujer escribe poemas, actividad bastante original, que le ha permitido ganar diversos premios, entre los cuales, en 1950, el "Premio Nacional de Poesía" del Ministerio de Educación por su libro *Al sur de mi garganta* (Oliver Labra, 1994). Hay otro detalle: muchos de sus versos no se limitan a hablar de amor, sino que son, o suenan, descaradamente eróticos, con una sensualidad —para citar su más famosa poesía— capaz de "desordenar" al lector en una época, como recuerda Rafael Alcides, cuya cultura, en la parte media de la población, era formada por "revistas folletinescas y radionovelas espumosas, y sustentada, en poesía, por un Zorrilla y un Bécquer y un Campoamor que seguían siendo lo más actual para aquellos cubanos menos ilustrados". (Alcides, 1987: 9)

Carilda Oliver Labra había nacido en 1922, dos años antes de que el dictador Machado tomara el poder.

La mujer del nuevo siglo seguía moviéndose en los horizontes limitados de una sociedad donde a la esposa decente se le contraponía el modelo de la pecadora, y la mujer era fundamentalmente un objeto, sea doméstico o de placer.

Este delicado tema es objeto de reflexión crítica a finales de la década del 10, cuando la pareja de oposición *Las honradas*/*Las impuras* es utilizada para el título de dos novelas. Escritas en 1917 y 1919 por Miguel de

Carrión, médico y periodista miembro del Partido Pupular Cubano que había participado en las luchas independentistas, estas obras atribuyen abiertamente a la sociedad la responsabilidad del destino femenino, discriminando con clarividencia entre la moral y el instinto, la convención y la libertad.

El tono moderadamente realista utilizado por Carrión, no corresponde al lenguaje de las escritoras de la época, cuya decisión de elegir una carrera literaria implicaba, en muchas ocasiones, renunciar a la familia y a los hijos, y cuyo estilo caduco era empleado para abordar temas propios de "lo clásico femenino": quejas amorosas, pasiones desdichadas (y nunca consumidas), reflexiones religiosas y devotas. Escribir sobre asuntos políticos, fundar revistas o tomar posición sobre algún problema social o patriótico eran actividades que transformaban a la escritora en blanco de críticas, hasta poner en tela de juicio, como había pasado en el siglo XVIII con la Marquesa de Jústiz, su identidad sexual.[1]

La actitud «filofemenina» del médico-escritor, que lamentaba la inexistencia de una novela contemporánea que colocara a la mujer en el lugar que realmente tenía en la sociedad,[2] ni siquiera es compartida por el movimiento modernista cubano, que no significó una ruptura tajante con la tradición romántica. Poetisas como Juana Borrero (y también poetas como Julián del Casal), aunque expresen un formal rechazo hacia su época, no se rebelan ante los preceptos de la condición femenina, y sobre todo

[1] La Marquesa de Jústiz de Santa Ana es considerada la fundadora de la escritura femenina cubana, pero en su época muchos llegaron a suponer que en realidad se tratara de un hombre con seudónimo. Con independencia de criterio y confianza en su pluma, quiso denunciar ante el rey la negligencia de las autoridades locales en la defensa de La Habana del ataque inglés. El resultado fueron un *Memorial dirigido a Carlos III por las señoras de La Habana* y la *Dolorosa métrica espreción del sitio, y entrega de la Havana, dirigida a N.C. Monarca el señor Don Carlos Tercero* (sic). En el siglo XIX, otra gran figura de intelectual y escritora romántica que vivió entre La Habana y Madrid, Gertrudis Gómez de Avellaneda, fue objeto de críticas por su "dudosa moralidad". Fue la primera mujer cubana en fundar una revista (El *Álbum cubano de lo bueno y lo bello*), pero la Academia Española de la Lengua le denegó la plaza y la censura prohibió la publicación de *Sab*, novela de orientación liberal donde un esclavo negro se enamora de su dueña blanca. A pesar de romper con muchos patrones tanto en la conducta literaria como personal, ni siquiera la Avellaneda pudo expresar toda su intimidad con la poesía, y su tempestuosa autobiografía sólo se refleja en el epistolario, que vio la luz muchos años después de su fallecimiento.

[2] "Las mismas escritoras apenas se atreven a diseñar tipos de mujeres, tales como son, con sus grandezas, sus fealdades y sus miserias íntimas, y sometidas siempre a humillante subordinación, cualesquiera que sean su rango y su suerte. No sé si es porque las auto-

no tratan de conciliar la contradicción romántica entre cuerpo y alma, practicando una poesía de corte intimista de amores perfectos porque imposibles y puramente espirituales, una poesía de evasión hacia el mundo interior, acompañada por un compromiso limitado a la búsqueda y a la aplicación de nuevas formas expresivas (el parnasianismo y el simbolismo francés), un estilo elegante y un gran dominio de la palabra.

A principios del siglo XX, sólo una mujer se atreve a superar, o por lo menos a considerar como tema poético, el conflicto entre el espíritu y la carne. El breve cuadernillo de Mercedes Matamoros, autora que vive en la segunda mitad del siglo XIX y escribe esta obra singular poco antes del 1906, fecha de su muerte, lleva un título, *El último amor de Safo*, que por sí solo parece desafiar, para usar las palabras de Marilyn Bobes, "a la espiritualidad mojigata introducida en la América precolombina por la cruz y la espada de los conquistadores" (Bobes, 1995: 6). El libro es un reencuentro con el mundo clásico según el ejemplo de Oscar Wilde, con su *Salomé* de 1891, y de muchos poetas franceses —sobre todo Pierre Louys con *Les chansons de Bilitis*— que en el mismo período se habían acercado a la sensualidad de los epigramas de la Antología Palatina.

Sin embargo, creo que es sólo en ámbito posmodernista, a partir de la década de los cuarenta, que se dan los primeros pasos hacia una liberación poética femenina, que es al mismo tiempo conquista de una libertad expresiva sobre todo al enfrentarse con el tema del amor y del erotismo. La observación y análisis de algunos poemas escritos en los últimos 60 años del siglo XX me ha llevado a identificar en Dulce María Loynaz, Carilda Oliver Labra y Fina García Marruz las tres grandes protagonistas de esta que —si bien pacífica e individual— no me parecería exagerado definir como "revolución literaria".

La crítica feminista en Cuba ha despertado sólo en la década del 80 y ya se reconoce a estas autoras un papel fundamental en la búsqueda de un lenguaje específicamente femenino, que ha sido la gran conquista de la llamada "quinta generación" de poetisas —Georgina Herrera, Nancy Morejón, Lina de Feria, Mirta Yáñez, Reina María Rodríguez y Marilyn Bobes, entre otras— que han empezado a publicar después de 1959.[3]

ras no se han atrevido a arrostrar el escándalo de fotografiarse interiormente con demasiada exactitud, lo que equivaldría, en cierto modo, a desnudarse delante del público... De todas maneras, pienso que la novela de la mujer no está escrita todavía..." en Miguel de Carrión. (1996). *Las honradas*. La Habana: Ed. Letras Cubanas, p. 53.

[3] Sobre el debate feminista véase: Araújo, Nara. (1993). "La escritura femenina y la crítica feminista en el Caribe: otro espacio de la identidad", en *Unión*, 15: 17-23. Cuba

Para motivar mi aproblemático empleo del término "poetisa" al referirme a mis tres escritoras elegidas, haré breve referencia al debate "feminista" surgido alrededor del uso del término más "políticamente correcto" para referirse a mujeres-poeta que han sabido romper con los patrones de "lo clásico femenino". Después de resumir la polémica y analizar la palabra desde el punto de vista lingüístico, Mirta Yáñez resuelve con brillantez y sabiduría un problema muy debatido: "...si se analiza este asunto con serenidad y autoestima, no puede aceptarse que el término POETISA tenga nada de vergonzoso en sí, ni en lo estético ni por ninguna otra razón, y, por el contrario, es una tarea de todos despojarlo del matiz de subestimación y reponerlo en el legítimo lugar que le corresponde por su significado y belleza sonora" (Yáñez, 1997: 11-12).

Si la existencia de discusiones tan refinadas en el ámbito de la investigación literaria parece confirmar una superación de la marginación del universo femenino y de las temáticas eróticas, una observación suficientemente atenta de la reacción masculina a la presencia femenina en el mundo literario cubano, muestra la persistencia, si no de prejuicios patentes, por lo menos de malestares mal disimulados, que aumentan en presencia de una poesía de amor.

Si se consideran las antologías de poesía femenina o erótica que en estos últimos años han sido publicadas dentro y fuera de Cuba,[4] se observa una notable diferencia de tono y de corte crítico entre los prólogos e introducciones escritos por hombres (muchas veces ellos mismos poetas) y mujeres (casi siempre escritoras).

Mientras que Marilyn Bobes y Mirta Yáñez se empeñan en introducir de forma metodológicamente correcta sus selecciones de poemas (Bobes, 1995: 5-8; Yáñez, 1997: 5-47) los colegas hombres se pierden en comen-

---

participa del eje lingüístico que la conecta e inscribe en el corpus de la literatura latinoamericana. Al mismo tiempo, con Puerto Rico y República Dominicana, participa del eje del Caribe, donde su presencia en Coloquios y Congresos es más tímida. Una reflexión sobre la contribución de la narrativa femenina cubana al debate internacional se encuentra en los siguientes artículos: Campuzano, Luisa. (1988). "La mujer en la narrativa de la revolución. Ponencia sobre una carencia", en *Quirón o del ensayo y otros eventos*. La Habana: Ed. Arte y Literatura, pp. 66-104; Montero, Susana. (1989). *La narrativa femenina cubana, 1923-1958* La Habana: Ed. Academia.

[4] Entre las más importantes se recuerdan a Randall, Margaret (Introducción, traducción y selección). (1982). *Breaking the Silences. An Anthology of 20th Century Poetry by Cuban Women*. Canadá: Pulp Press Publishers; Rocasolano, Alberto (Ed.). (1985). *Poetisas cubanas*. La Habana: Editorial Letras Cubanas; Ríos, Soleida (Selección). (1989). *Poesía infiel*. La Habana: Ed. Letras Cubanas.

tarios un poco frívolos. "En nuestra isla", escribe Luis Rogelio Nogueras, "amar es un acto tan perfectamente normal como tomar el sol". Y dedica su "catauro" de poemas a los que tienen menos de 20 años, aunque no sólo los adolescentes necesitan "estos versos nacidos de ese sentimiento extraño, imprevisible y común, gracias al cual se perpetúa la raza humana". (Nogueras, 1983: 10).

Rafael Alcides, autor de una selección de poemas de Carilda Oliver Labra, en sí muy buena (Alcides, 1987), utiliza una fórmula bastante original para introducir la obra de la poetisa: una carta abierta encabezada por "Enigmática amiga", a través de la cual la informa (y nos informa) que Carilda es un mito, la novia ideal para toda su generación, la "conciencia del Amor" (ibíd.: 6) Y después de afirmar que "en el fondo somos particularmente sentimentales los cubanos y en algunas horas deliciosamente cursis" (ibíd.: 7), expresa un juicio estético donde lo provinciano de la autora parece más relacionado a su realidad de mujer que a su capacidad poética: "...si Martí y Lezama y Guillén testimonian, en la cúspide, lo universal cubano, tú, linda hermanita del San Juan, para tu privilegio, testificas lo íntimo, lo que más de provinciano hay en nosotros, el romerillo, lo eterno municipal del alma cubana" (ibíd.: 9).

No se trata de negar, por supuesto, la persistencia de condicionamientos históricos, sociales, culturales y, ¿por qué no?, biológicos, que influyen en la poesía escrita por mujeres. Por otro lado, sería imposible, además de estúpido, empeñarse en "escribir como los hombres", como si la escritura "femenina" y "masculina" respondieran a rígidos esquemas y a premisas programáticas. Ya Dulce María Loynaz lo había reconocido:

> Yo pienso que mi condición de mujer se refleja en mi poesía. Por completo. Las mujeres escriben como mujeres y los hombres como hombres. Existen poemas escritos por mujeres que los hombres no podrían escribir, y poemas escritos por hombres que la mujeres no podrían escribir (Randall, 1982: 35).

Eso quiere simplemente decir que poetas y poetisas comparten el mismo mundo —mundo por supuesto múltiple y contradictorio— y lo interpretan y sienten con su específica sensibilidad.

Dulce María Loynaz, que falleció en 1997, es la más anciana de las tres escritoras consideradas, "nació con el siglo" igual que Renée Méndez Capote, aunque no escribió memorias, sino poemas y novelas.[5] Premio

---

[5] Renée Méndez Capote es autora de *Memorias de una cubanita que nació con el siglo* (1963), testimonio histórico y autobiográfico, específicamente destinado a lectores ado-

Nacional de Literatura en 1987, Premio Cervantes 1992 y desde 1968 miembro de la Real Academia Española de la Lengua, ya en 1942 Juan Ramón Jiménez en la revista *Sur* había hablado de ella como de una afirmada representante de las letras hispánicas, compañera de aventura de Juana de Ibarbourou, Alfonsina Storni, Delmira Agustini y Gabriela Mistral, incluyéndola en su antología *La poesía cubana en 1936*.[6]

Las dos poesías a seguir, seleccionadas por Marilyn Bobes e incluidas en su pequeña antología, muestran un fuerte cambio de sensibilidad y de tono con respecto al modernismo. Los brazos en *Deseo* y la mano en *Todavía* son protagonistas absolutos del encuentro amoroso. Se trata en ambos casos de un abrazo donde el cuerpo se impone y el erotismo se concentra en la obsesiva presencia de un brazo "único horizonte de carne", y de una mano que parece penetrar la carne como garfio, como garra, hasta una simbólica desfloración.

DESEO

Que la vida no vaya más allá de tus brazos.
Que yo pueda caber con mi verso en tus brazos,
que tus brazos me ciñan entera y temblorosa
sin que afuera se queden ni mi sol ni mi sombra.
Que me sean tus brazos horizonte y camino,
camino breve, y único horizonte de carne:
que la vida no vaya más allá... ¡Que la muerte
se parezca a esta muerte caliente de tus brazos!...
(Bobes, 1995: 34).

TODAVÍA

Tu mano dura, rígida apretando...
Apretando, apretando, hasta exprimir
la sangre gota a gota...
Tu mano, garra helada, garfio lento
que se hunde... Tu mano.
¿Ya?...
La sangre...

lescentes. La importancia de Dulce María Loynaz es muy grande también en el campo de la narración, y *Jardín* (1951) es considerada su obra más intensa y enigmática.

[6] El poeta tuvo una gran importancia como crítico de la poesía de la época en Latinoamérica. Jiménez, Juan Ramón. (1942). "Españoles de tres mundos", en *Sur* 93: 28-31; Id. (1937). *La poesía cubana en 1936*. La Habana: Institución Hispanoamericana de Cultura.

No he gritado. No lloré apenas.
Acabemos pronto ahora: Ves,
estoy quieta y cansada.
De una vez acabemos este juego
horrible de tu mano deslizándose
—¡todavía!...—suave y fría por mi espalda... (*ibíd.*).

Si Dulce María Loynaz introduce la carne en su poesía tradicionalmente definida "diáfana y espiritual", Fina García Marruz, integrante del grupo de *Orígenes*, busca y encuentra un lenguaje sencillo y matérico, sin hermetismos, al trascender la realidad y al buscar la verdad acerca de grandes temas filosóficos, entre los cuales incluye el amor, "compasión total, pura, sin causa" que irrumpe súbito como objeto de una solemne e irónica lección de física/metafísica en nuestras vidas.

EL HUESPED

[...]
Hemos corrompido
de mentira y de uso
la palabra
amor,
y ya no sabemos
cómo entendernos: habría que decirlo de otro modo,
o callarlo, mejor,
no sea cosa
que se vaya el insólito
Huésped (Nogueras, 1983: 74).

LECCIONES SOLEMNES

Oscuro es el rayo del amor
y no hiere la vista.
Él quiere que seamos
todos una sola cosa.
Y es a manera de cuando calentamos
una bola de barro
(y qué otra cosa
pudo ser al principio la tierra
antes de que la calentasen
los rayos del amor?),
que su temperatura empieza
a ascender, y su cuerpo
antes gris, se vuelve rojo
y después amarillo

(que también los radiantes
colores surgen de él)
hasta volverse rojo-blanco,
hasta brillar con la luz más intensa,
hasta que al fin no se sabe
ya si da, o si recibe,
la luz, porque ya el barro
se hizo uno con el rayo
de Sol (García-Marruz, 1997: 19).

El aporte más importante de Fina García Marruz, sin embargo, no está en su búsqueda filosófica sino en su gran sensibilidad realista, o mejor dicho en su disponibilidad a la alternancia, en su decisión de dar paso a las pequeñas cosas diarias, a los objetos y a las tareas cotidianas, que pertenecen a las personas y que pertenecen, virtualmente, al mundo de la poesía, como ella misma, nerudianamente, afirma: "El realismo verdadero debiera abarcar el sueño y el no-sueño, lo que tiene un fin y lo que no tiene ninguno, el cacharro doméstico y la Vía Láctea" (García-Marruz, 1997: 25).

Y así, coherentemente, renuncia a los tonos elegíacos y a metáforas del lirismo tradicional, buscando en un gesto cotidiano la amargura del abandono, la alegría de un recuerdo de amor:

RETRATO DE UNA VIRGEN

[...]
No tiene una alborotada
imaginación. Sigue
yendo a sus clases. Cuida
cosas pequeñas: las libretas,
la raya en orden, igual
que el pelo al levantarse.
Hace lo mismo que antes,
sólo un poco más triste.
La luz que la abandona
la dibuja un momento.
No sabe que está sola.
Ese ignorar la guarda (Nogueras, 1983: 73).

COMO ROSA QUE PIERDE SU AROMA

[...]
En el cafecito de Derecho. La motorola
entonaba soñadoramente melodías

que yo no me detenía a oír.
Estreno de aquel frío.
«Estar en la Universidad,
estar en la Universidad».
«Y apareciste tú, tú, tú...»
[...] Y las croqueticas del dulcero
gordo, que tocaba también en la
Banda Municipal. ¿O de la Policía?
[...] (García-Marruz, 1997: 83-84).

Nunca, en la guerra entre cuerpo y alma, el *soma* había obtenido triunfo tan perfecto como con *El esqueleto*, donde la poetisa emprende un elogio de todos los huesos del hombre, del diente "que con la tierra comulga/y se aplaca en ella sola", a los huesos ilíacos, *ossa innominata*; de las ventanas de la nariz "asomadas al umbral, / quisquillosas viejecillas / que no entran sin preguntar", al "laberinto del oído, sonora cueva sin monstruo, / de graciosos huesecillos", terminando con una

Loa al gran sobreviviente
que no vive él mismo ya,
esos quijotes del fémur,
Posadas del no-mirar
(García-Marruz, 1997: 319-328).

Gérmenes de prosaísmo, corporeidad y "antipoesía" aparecen temprano también en la poesía de Carilda Oliver Labra, que de las tres escritoras examinadas es la que parece expresarse con más libertad y menos filtros culturales. La cebolla, el Código Civil, los zapatos sucios y las blusas usadas que irrumpen en sus poemas ya desde la década del 40, pues, no suenan como el resultado de una reflexión sobre la necesidad de "romper esquemas", encontrar un lenguaje nuevo o buscar una solución para el conflicto cuerpo-alma rechazando "lo eterno femenino", sino que brotan e invaden los versos como resultado, al parecer, de un proceso espontáneo.

¿Serían esta sincera espontaneidad y la aparente sencillez de muchos sonetos en rima, a transformar a la licenciada Carilda Oliver Labra en "nuestra Carilda", es decir en un mito literario que pertenece al patrimonio de vivencias personales de cada cubano? Es indudable que *Me desordenas, amor, me desordenas* en Cuba se sabe de memoria y se repite, como en Italia "Galeotto fu il libro e chi lo scrisse" o en el mundo entero "To be or not to be".

ME DESORDENO, AMOR, ME DESORDENO

Me desordeno, amor, me desordeno
cuando voy en tu boca, demorada;

> y casi sin por qué, casi por nada,
> te toco con la punta de mi seno.
>
> Te toco con la punta de mi seno
> y con mi soledad desamparada;
> y acaso sin estar enamorada
> me desordeno, amor, me desordeno
> [...] (Alcides, 1987: 16).

La novedad absoluta de este poema no está, a mi parecer, en la presencia de una intensa sensualidad, sino en el reconocimiento de un deseo sexual que prescinde del amor, y todo esto expresado con serenidad, sin la mínima turbación en sentido moral o religioso, a pesar de los condicionamientos sociales que en 1946, en una pequeña ciudad como Matanzas, debían tener un peso considerable.

Esta tranquila confesión del sexo sin amor —bastante inusual hasta en la poesía "masculina"— y una declarada libertad en la gestión de su propia vida erótica, es una constante en la producción lírica de Carilda. Valgan dos ejemplos más:

DISCURSO DE EVA

> [...]
> De verdad que te quiero,
> pero inocentemente,
> como la bruja clara donde pienso.
> De verdad que no te quiero,
> pero inocentemente,
> como el ángel embaucado que soy.
> Te quiero,
> no te quiero.
> Sortearemos estas dos palabras
> y una que triunfe será la mentirosa (*ibíd.*: 87).

HOMBRES QUE ME SERVISTEIS DE VERANO

> [...]
> Vuestras sombras estallan como un mito
> de vez en cuando aquí. Sois lo bendito,
> hombres que me servisteis de verano (*ibíd*).

Hasta en el adiós, en la despedida, sea por un amor terminado, sea por la muerte del ser querido, la poetisa rechaza las lágrimas y las quejas, en eso alejándose fuertemente de los modelos neorománticos

ADIÓS

[...]
Adiós, verde placer, falso delito;
adiós, sin una queja, sin un grito.
Adiós, mi sueño bien abandonado (*ibíd*).

SE ME HA PERDIDO UN HOMBRE

Se me ha perdido un hombre.
[...]
¡Ayúdenme a buscarlo!
Pronto... (*ibíd*).

Al igual que Fina García-Marruz, Carilda a veces se refiere a detalles de su autobiografía sentimental con cierto pudor, y al utilizar imágenes de realismo cotidiano, lejos de cualquier retórica, se acerca a la sensibilidad nerudiana y al amor de este poeta por lo diminuto.

PARA EL NOVIO

Me regalaste ayer un pomo y dos bombones.
Ya el cielo no es de Dios: lo quitas y lo pones.
Vienes de una esperanza, de un árbol que se apoya.
Y te gustan los lápices, la leche y la cebolla...
[...]
Me tomarás la mano subiendo el tranvía.
Iremos noche a noche solos por la Calzada:
tú con tus zapatos sucios, yo con la blusa usada (*ibíd*.: 18).

TRES DE MARZO

[...]
Quinto piso. Hotel decente.
Mi corazón como un pobre
pájaro preso en un sobre.
Y nos miraba la gente...
La tarde estaba volcada
y mi boca era tan poca
que, después de ser besada,
no me quedaba ni boca (*ibíd*.: 19).

Existe una contradicción aparente entre los contenidos novedosos de los poemas que acabo de citar y sus estructuras del todo tradicionales: Carilda compone con extremo desenfado, sonetos en versos pareados y décimas de clara ascendencia popular.

LA CEIBA ME DIJO TÚ

[...]
Adiós, barrio, Pueblo Nuevo,
donde bailaba al andar;
besos que di juntos al mar
(de decirlo me conmuevo).
Adiós, Matanzas, que llevo
como medalla o marfil.
Ay, Matanzas, en abril
sueñan tus laureles viejos
y yo, presa en los espejos,
me he quedado sin perfil (*ibíd.*: 27).

La nostalgia por la juventud y un sentimiento de desamparo debido a la ardua recuperación de una identidad, no están expresados en términos experimentales, sino regresando a sus propias raíces culturales, a una vivencia poética tradicional que en sí representa, quizás, la salvación existencial de la autora. En las palabras de Rafael Alcides, sin embargo, se infiere que la poesía de Carilda ha sido objeto de malas interpretaciones y sospechas injustas, ya que no sólo en los contenidos sino también en la recuperación de una dimensión criolla y campesina ha sido incitación y alimento secreto para las generaciones posteriores.

"Me pareció que discriminar tu poética era parte de la discriminación que, tal vez sin saberlo, se ejercía contra la décima (por su pasado de penurias y su clara ascendencia popular) e incurrir en la discriminación que igualmente se ejercía contra el trovador (por callejero y también popular).

Hoy que todo eso es pasado y que ya ni siquiera nos sonroja sabernos definitivamente mulatos, hoy, a la luz de todo esto y a fin de completar de una vez nuestra carta absoluta de identidad, el caso Carilda aguarda una detenida y muy seria revisión" (Alcides, 1987: 8).

BIBLIOGRAFÍA

Obras

García-Marruz, Fina. (1997). *Habana del centro*. La Habana: Ed. Unión.

Loynaz, Dulce María. (1993). *Jardín*. Barcelona: Seix Barral.

Méndez Capote, Renée. (1984). *Memorias de una cubanita que nació en el siglo*. Barcelona: Argos Vergara.

Oliver Labra, Carilda. (1987). *Calzada de Tirry 81*. La Habana: Ed. Letras Cubanas.

— (1994). *Al sur de mi garganta*. La Habana: Ed. Letras Cubanas.

Crítica

Alcides, Rafael. (1987). "Selección y prólogo", en Carilda Oliver Calzada. *Calzada de Tirry 81*. La Habana: Ed. Letras Cubanas.

Araújo, Nara. (1993). "La escritura femenina y la crítica feminista en el Caribe", en *Unión* 15: 17-23.

Bobes, Marylin (selección y prólogo). (1995). *Eros en la poesía cubana*. La Habana: Ed. Letras Cubanas.

Campuzano, Luisa. (1988). "La mujer en la narrativa de la revolución. Ponencia sobre una carencia" en *Quirón o del ensayo y otros eventos*. La Habana: Ed. Arte y Literatura.

Jiménez, Juan Ramón. (1937). *La poesía cubana en 1936*. La Habana: Instituto Hispanoamericano de Cultura.

Montero, Susana. (1989). *La narrativa femenina cubana, 1923-1958*. La Habana: Ed. Arte y Literatura.

Nogueras, Luis Rogelio (Selección y nota introductoria). (1983). *Poesía cubana de Amor. Siglo XX*. La Habana: Ed. Letras Cubanas.

Randall, Margaret (Introducción, traducción y selección). (1982). *Breaking the Silence. An Anthology of 20 th Century Poetry by Cuban Women*. Canadá: Pulp Publishers.

Ríos, Soleida (Selección). (1988). *Poesía infiel*. La Habana: Ed. Letras Cubanas.

Rocasolano, Alberto (ed.). (1985). *Poetisas cubanas*. La Habana: Ed. Letras Cubanas.

Yáñez, Mirta (Inventario e introducción). (1997). *Álbum de poetisas cubanas*. La Habana: Ed. Letras Cubanas.

From *'the-world-in-the-home to the-home-in the-world'*: Cristina García's *The Agüero Sisters*"

Daniela M. Ciani Forza (Venice)

> "... and there is only my imagination where our history should be..."
> Cristina García, *The Agüero Sisters*.

CRISTINA García is a Cuban writer who was born in Havana and grew up in New York City, US. Among her works, *Dreaming in Cuban* (1992) and *The Agüero Sisters* (1997) certainly provide a significant impact on Cuban history. Not only, in fact, do both novels explore social and personal re-actions to the crucial historical events of the last decades —the diaspora of millions leaving the country, on the one hand, and the well-known dif-ficulties the revolution demanded from those who stayed on the other— but they also catch the sense of inquietude of a people that resents the lack of a cohesive background, in the sequence of colonizations, slavery, im-migrations, emigrations, foreign interferences, dictatorships etc., which marked its history and culture.

García does not question politics, nor even history, directly. It is through the narration of family stories, which she enriches with her personal sen-sibility and imagination, that she succeeds in shaping a saga, which re-conducts its members to their "insular consciousness" and offers the reader an insight into the depths of the island's cultural identity.

In the growing network of non-Anglo artists in North America, who are increasingly receiving attention from all sides, certainly Hispanics, or

Latinos, as they significantly prefer to be defined (using a less instutition-alized term), represent a major force. Although Latinos share the same language and basically the same Hispanic and/or Indo-American heritage we should underline a difference between those who reached the United States on the basis of mere economic needs those who, like Puerto Ricans or Mexicans, have been totally or partly englobed into the nation for historical reasons and exiles of a different nature. The first represent an exquisitely necessary workforce, totally estranged from the national ideology. Coming from countries among the poorest and most vexed in the world, they are subdued to the fluctuations of the labour market and represent the very low proletariat of the country. Limited in their possibility of aggregation by the precariousness of their economic conditions, which imposes on them constant mobility, their voices, too, suffer the trauma of eradication from their origins and emargination from the present context. They are reassertions and amplifications of native popular legends, songs and traditions of a past often of no return, when not, at times, sad hybrids of anglicized influence. Within the contradictory fact of belonging to the major non-Anglo group, these ethnic realities may easily be compared to the Native American, African, European, or Asian peoples which over the last centuries have so much contributed to the North American identity and at the same time endured painful exclusion from it.

The case of Puerto Ricans and Mexicans is different. After having acquired independence from Spain and being subjected to annexation to the United States, as members of the "commonwealth", and, in fact, being recognized as American citizens in 1917, Puerto Ricans suffered the status of a double identity. North-americanized in their homeland and emarginated in the "mainland", split among two worlds —neither of which reflecting their needs— their aim has always been that of recomposing an identity —whether it be in the island or on the continent— giving way to an extended and vehement cry against fragmentation and alienation. The *Nuyorican Experience* is a response: a neologism for a declaration of inner oppression, of disgregation between Puerto Rican soul and New York ruthlessness. Their poetry is read publicly, in cafés —notably the *Nuyorican Poets' Café*[1]—, it mingles English with Spanish, it touches upon common bearings and becomes instrumental for increasing social

---

[1] *The Nuyorican Poets' Café* was founded by the poet Miguel Algarín, one of the leading figures in the *Nuyorican Experience*. He is the editor of the anthology *Aloud! Voices from the Nuyorican Café* (1994), a collection of poetry by Puerto Rican poets and others, who read at the Café.

consciousness, opening up from national ethnic contrasts to broader international horizons, denouncing injustice and humiliation. As well as other numerous cultural activities (music, theatre, publishing houses, figurative art —the stunningly coloured *murales*) it appeals to the collectivity fighting the anonymity of seclusion and, in so doing, finally attracting to its issues ever greater consent.

Like Puerto Ricans, Mexican Americans, or *Chicanos*, too, fall into a context of ambiguous national definition. Some of them are descended from the early native populations of North America, initially subject to conquest by the Spaniards in the 14th century and then, following the "Guadalupe-Hidalgo Treatise" (1848), "passed on" to the United States. Others arrived more recently, often in the wave of troubled immigration, providing labour for a foreign country, but at the same time joining a land which should be somehow familiar. Despite their large numbers and their cultural heritage, though, these people have always been relegated to a secondary social role. *Chicanos* equalled *braceros,* outcasts, a proletariat deprived of cultural identity, destined to an enforced *mestizaje*, a mixture not only of races, but of totally alien cultures, each voicing different creeds, traditions and languages, each claiming dignity and recognition and yet each bearing their own frustrations. *El barco que nunca atraca* reads a line by Lorna Dee Cervantes and this not only depicts the precariousness of their condition, but can, moreover, function as an introduction to the core themes of Chicano literature. As Mario Maffi writes:

> The central themes of *chicano* literature thus become the relationship with the land, with the language, with the past, with the United States, with the other sex. The mingling of different languages and dialects (*nahuatl, caló*, Spanish, American) inevitably results in the widespread adoption of *interlanguage* and a relaxing of codes, a crossing of a linguistic frontier that reflects a thoroughly physical and material experience...[2]

Chicano art, not unlike that of other so-called minor ethnic groups, is indeed characterized by strong social issues, and, in this ideological con-

---

[2] "...*I temi centrali della letteratura chicana diventeranno allora il rapporto con la terra, con la lingua, con il passato, con gli Stati Uniti, con l'altro sesso. L'intreccio di lingue e dialetti diversi (nahuatl, caló, spagnolo, americano) renderà inevitabile il ricorso diffuso all' interlanguage e allo slittamento dei codici, un varcar di frontiere linguistico che è il riflesso di un'esperienza ben fisica e materiale...*" (trans. by Gregory Dowling) Maffi, Mario (ed.). (1996). *Voci di Frontiera, scritture dei Latinos degli Stati Uniti*. Milano: Feltrinelli, p. 17.

text, usually has the Chicano as its addressee. What, in fact, is needed is visibility for this people's identity in a context which has been dominated by uncertainty, as a result of historical as well as social factors. In view of a revision of canonic history to achieve self-representation, literature and art find inspiration in the Chicano experiences of estrangement in *barrios,* seclusion from Anglo society and nostalgia for their native culture, combined with frequent elaborations of traditional autochthonous forms, such as *cuentos* or *corridos,*[3] yearning after those common roots that a sequence of colonizers has sterilized.

Contemporary authors themselves, who certainly have developed a literary consciousness of rich intensity in a fecund interchange with the latest creative movements, still maintain the affirmation of the rights of their own people as their main theme. The sophisticated magical realism of Ron Arias in his *The Road to Tamazunchale* is an example. His exposition of a world which seems to be in the process of a magical recreation, well beyond actuality, is a further manifestation of the dream/hope of a rebirth of the Chicano people within an American reality, dynamically composed of Indios, Africans and Europeans, to become "the" new cultural identity of a continent freed from the constrictions of historical canons.

Cristina García's novel also serves her people's history. Unlike other non-Anglo writers, though, her message goes beyond that of a national identity within the North American multi-ethnic context. Like her first novel *Dreaming in Cuban, The Agüero Sisters* is not inspired by a sense of imposed uprooting from one's homeland, but, rather, by the urge to retrace one's own identity within the promises and perils of history, confronting an "exile" which is not barely defined as a separation from one's homeland, but, more than this, as an existential conflict posing questions of inner and cultural belonging. The novel follows the story of an "unhomely" family, as Homi Bhabha would define it.[4] Of the two main characters one, Constancia, lives in the United States, the other, Reina, joins her in 1991,[5] after having previously decided to accept the revolutionary events in Cuba. Their lives, though, did not separate because of different ideological choices: the two

[3] For further discussion and examples on *corridos* see: Gebbia, Alessandro. (1976). *Chicanos! Cultura e politica dei messico-americani.* Venezia: Marsilio Editori.

[4] Bhabha, Homi. (1992). "The world and the House", in *Social Text* 31.32: 141-153. In this essay, from which the quotation in the title is also taken, Bhabha discusses the theme of "unhomeliness".

[5] Following the crisis of Communism in Eastern Europe (1989), from which the Cuban economic system depended, in 1990 President Fidel Castro decreed the *período especial,*

sisters have always lived more or less separately. Their parents had decided so. Isolated within the family they grew up in total estrangement one from the other, or in open contrast when compelled to meet. The parents themselves, in their strange relationship —which ended tragically— were immersed in a world of their own, made of nostalgic memories of past ways of life, keeping themselves isolated in an almost maniac interest for Cuban nature and avifauna.

The structure of the book follows the relationship of this disfunctional, and yet enigmatically bound, family (a paradigm, one might add, of Cuban society, as we shall see). The father's diary sections, printed in *italics*, as if to stress extraneity from his daughters' story, but at the same time throwing light onto it, do indeed provide the key to Constancia's and Reina's sections. They tell, from his own point of view, of what the two sisters know and of what they do not know —and keep questioning— about their parents as well as about their own selves. Cuba of the old days, as interpreted by their sentimental naturalist father, provides a tacit and background comparison with the Cuba they had lived in and with present-day Cuba, which is so differently depicted by the socialist propaganda, on the one hand, and by youths who, on the other, want "dollars": "Dollars (which) mean priviliges. A roll of toilet paper..." (García, 1998: 53) as Dulcita, the daughter of Reina and José Luis Fuerte, one of the original revolutionaries, comes to assert. Moreover it is through Ignacio Agüero's sections that we learn of Blanca, their mother, whose singular behaviour had so much to do with the girls' troubled life, together with her atrociously mysterious death. Constancia's and Reina's sections move separately amongst their "separate" present experiences, memories of and questions about their past. Both Constancia and Reina Agüero are estranged from their world, but external circumstances seem to play a lesser role in their sense of loss than they do for other characters in minority-group literature. The different approach García takes to the theme is certainly due both to Cuba's own cultural background and to the particular typology of the Cuban presence in the United States, which rather than being determined by coercive historical reasons, as had been the case for early Mexicans and Puerto Ricans, or for economic reasons, as is the case for other immigrations into the country, is mostly represented by ex-

a programme of austerity marking Cuban economy with enormous income loss and restrictions on the population, immediately followed by a consistent wave of migration, especially to the United States.

iles who left the island as a result of expectations diverging from the political class, which has ruled the country since the Revolution. The novel
thus does not openly carry political implications; it is concerned with the
impact that history —national history as much as family history— has on
one's personality, choices, feelings and expectations and how it can be tai-
lored to the present, to paraphrase from García's interview itself (López,
1995).

Written in English by a Cuban writer, set in the United States and in
Cuba, the work is not structured in an antithesis between the two countries, their ideologies or the subtle impositions of one onto the other. The
story moves in a sort of constant dialogue, switching from one character
to the other, between past and present, providing a key for a reading into
contemporaneity, as represented by the characters' quests and the demands
of history. Not properly the work of an exile, but rather of an "expatriate"
it functions as an intracultural work. Insulated from her home context, but
totally imbued with it, Cristina García directs her novel towards a profound
vision of the multifaceted reality of Cuba, detached from external factors.
The problem for García, as for many other Cuban intellectuals, is here not
simply one of detachment from the matter in question to acquire deeper
critical objectivity, the way the Cuban scholar Jorge Mañach, for example,
sustained in asserting that *"La crítica -valga lo que valiere- necesita siempre de distancia, un ámbito de soledad, libre de todas las coacciones de
la expectación o la simpatía"* (Mañach: 113) (a critical process Henry
James himself followed when for his scrutiny of the United States he chose
Europe as the standpoint for an overt confrontation of the two cultures in
order to better comprehend his own). The matter here is not only one of
objectivity, but of how to control detachment when history has been forged
by *"historias bajo estado de sitio"* (Clifford, 1991: 249), fragmenting the
principle itself of historical heritage and, consequently, that of a possible
reference to it.

"La storia di Cuba comincia con un errore" (Cuban history starts with
a mistake) (Fleites, Fuentes, 1999: 19) when Columbus, thinking he had
reached the mythical country of Cathay, called the natives "Indios". There
followed, as already mentioned, Spanish colonizers, African slaves, immi-
grants from other Caribbean islands, in a succession of uncertain, ex-
ploitative governments and a mixture of cultures, languages, religions and
foreign interests, making of Cuba a *"patria sin nación"* as from Mañach,
when, in 1944, he comments that Cuba is still far from developing a sense
of cultural independence (Mañach, 1944: 64). The vicissitudes of these last

decades did not add much to a sense of historical identity for the Cuban people. The conflict opposing citizens who fled the island because of the Socialist Revolution, to others who stayed on embracing its ideals, to others who accepted the events stolidly and to yet others who live in the island but feel suffocated by emargination and uncertainty for the future because of their dissenting ideas, evinces what we may define as a post-modern situation of distress. The question for many is "What is Cuban reality today? Is it that of the island alone? Or does it include its citizens abroad? Where do the boundaries lie?" A question indeed crucial in these years of intense hostility, but a question, again, which in the alternate history of Cuba, many intellectuals posed. They did so often from abroad as if this land of many inner frontiers could disclose its distinctive character preferably if observed from a distance, as in the poetry of José María Heredia, written in Mexico, or in the diaries of the Condesa de Merlín, written in Paris or in José Martí's conspicuous writings, many of which were composed abroad and still represent the soundest expression of Cuban identity.

Cristina García moves into history and into Cuba through the lives and thoughts of her characters. It is through their estrangement that she questions the "migratory" dislocation of their existence and of their interior exile: that of Constancia, pursuing imaginative Cuban traits in her Miami retirement, and that of Reina, pursuing the family bonds they all miss. As the narrative proceeds fragmentarily interspersing their present with their memories, one life with the other —the father's diaries in the background— it is as if the past itself is being renewed. By retracing that part of it that seems hidden or forgotten it re-ascends into the present, just as the present reverberates from it. In this sense not only does García work out a new perspective of belonging and, finally, of rootedness for her characters, but for herself, too. Well established in the North American environment, by following "from without" the two sisters' itinerary into the process and development of their family relationship, the author herself seems to have recaptured her own integral identity, the result being that of a reconciliation with her Cuban roots: with the past and present of her native land via her current self, the observer of the story.

It is in this sense that the addressee is not merely a member of the Cuban community outside the island, for whom the message would be that of gaining consciousness of his/her ethnic dignity and values in a foreign, frequently hostile context, but it is any Cuban (and non-Cuban) facing the question of "frontiers" who, through the story, is led to the exploration of the nature of memory to correlate it to daily experiences. Cuba and the United States stand equally in the background. As Claudine Potvin notes, in García's writings "...*no hay ni soldados ni policías; no hay tampoco dictadura ni democracia. Hay apenas una serie de fronteras tímidamente dibujadas sobre las mareas...*" (Potvin, 2000: 106). The contrast, rather than lying in the effects the two opposite régimes have had on people and their relationships, seems to emerge precisely at the point when these come to meet, through Constancia's and Reina's reunion, opening up to a consciousness of how past and present flow into one another to find reconciliation for the conflicting realities each represents.

Focusing on the two Agüero sisters, and their different points of view when relating to their history as well as to their present, the novel presents two possible responses to *Cubanidad*, a concept we will come across further on.

Maintaining the structure of the novel, which follows the disrupted pattern of the sisters' gradual emergence, we will compare the two sisters' reading into themselves, by contrasting their observations, reactions and thoughts through a continual juxtaposition of quotations –often referring to the memories of their father. Constancia is married to Herberto Cruz, the brother of her previous husband Gonzalo, father to her elder son Silvestre, "deaf from the time he was four" (*ibid*.: 45); her other daughter is Isabel, whom she had from Herberto, and who lives the "American way", out in Hawaii, the companion of some artist, but who finally comes back to her mother's when "nearly nine months pregnant" (*ibid*.: 211) after her boyfriend decided for another affair with a Chinese-Filipina (*sic*) dancer. Constancia lives her two worlds: well rooted in her upbringing she maintains her own sense of decorum: she is a petite elegant woman who "rejects the modern ethos of comfort before style" (*ibid*.: 21) as opposed to those "women (who) march purposefully in sneakers and furcoats" (*ibid*.: 21). In her role of promoting cosmetics in a big department store in Manhattan "she is motivated not by commissions, only by the satisfaction of staving off women's everyday deaths" (*ibid*.: 19); she "considers her own image her most effective selling tool, and so she takes great pains in her appearance" (*ibid*.: 20). Herberto is a well-off salesman who "owns a tobacco store on sixth Avenue, where sheiks and politicians shop" (*ibid*.: 21). Constancia doesn't need to work, but enjoys it. She accepts life in the United States, but she is not absorbed by its habits, she is in touch with the Cuban community, but does not get involved with it anymore than she needs; she "doesn't consider herself an exile in the same way as many of the Cubans here... she shuns their habit of fierce nostalgia, their trafficking in the past like exaggerating peddlers... Evolution, Papi told her again and again, is more precise than history" (*ibid.*: 45-46). And she has absorbed his teachings. In Florida, where her husband and she have moved after he retired, she sets up a business of home-made cosmetics: "Constancia intends to launch a full complement of face and body products for every glorious inch of Cuban womanhood: Cuello de Cuba, Senos de Cuba, Codos de Cuba, Muslos de Cuba... Each item... will embody the exalted image Cuban women have of themselves: as passionate, self-sacrificing, and deserving of every luxury..." (*ibid.*: 131). She prepares her products in "royal-blue bottles... each is affixed with a label featuring a cameo of her mother's face... beneath the ornate logo... (and she) inserts rosewood stoppers in the bottles and winds them with silk cords and tassels to give them the appearance of heirlooms" (*ibid.*: 129). The feeling and effort she puts into her enterprise repay her profoundly. She "has received dozens of letters from women who confess that they feel more *cubana* after using her products, that they recall long-forgotten details of their childhoods in Sagua la Grande, Remedios, Media Luna, or Santa Cruz del Sur... Politics may have betrayed Constancia's customers, geography overlooked them, but Cuerpo de Cuba products still manage to touch the pink roots of their sadness" (*ibid.*: 132). *Time may be indifferent but you needn't be* is her motto. Marked as it has been with heavy absences, Constancia lives through the overwhelming presence of her past within herself, essentially lonely, unable to flow into History, doomed to be overcome by it.

Reina, her sister, has lived in Cuba. She is a tough, sensual woman, bearing none of her sister's graciousness. "She is forty-eight years old, but her body appears many years younger" (*ibid.*: 10). Once the lover of "one of El Comandante's most trusted aides" (*ibid.*: 70), whom she had discovered "gaunt and foul-mouthed, subsisting on oranges from her boarding school grove... (and) hid him in a local dovecote, far from Batista's men, and later in her bed" (*ibid.*: 70), and having given birth to their daughter Dulcita soon after, she accepted his devotion, to the point of self-sacrifice, to the Revolution alone. She is the safe-guarder of the old family apartment in Vedado, of her father's "stuffed birds and bats, his books, the family photographs" (*ibid.*: 48); she works as an electrician and is highly esteemed and admired, not least for her self-confidence: "She basks in the admiration she receives in her trade and in her bed, in the image of her image of herself" (*ibid.*: 15). Her lover is Pepín Beltrán, and he has been close to her for the last twenty-four years: a lover and a friend. Although she had not been "the most fervent revolutionary", as her daughter says of her, she was "basically tolerant of the system" (*ibid*.: 52), worked for it, accepted the difficulties till discontent took roots: Reina decides "to do nothing more" (*ibid*.: 68) for it, and joins Constancia in Miami. Her daughter, negligent of her father's ideals and wishing for a comfortable life, has left for Madrid in search of improbable fortune, her body being her only guarantee for survival.

Reina's discontent stems from within and, in spite of appearances, just like her sister Constancia, she is essentially lonely and at the mercy of events.

In Miami the reunion of the two sisters does not mark an immediate turning point in the story: their family's mysteries keep hovering over them, they have lived separately all their lives, without understanding what kept them apart. Their only link is the conflictuality of events which marked both with equal pathos. Constancia is the daughter of Ignacio and Blanca, two naturalists who lived on their dream of "the splendor of Cuba's flora and fauna... (before) it had been sacrificed to successive waves of settlers and the spreading monotony of sugarcane fields" (*ibid*.: 4); Reina is the daughter of Blanca and of someone she had met after abandoning her husband and her five-month-old baby, a gesture that followed a period of psychological imbalance, which started with pregnancy. Back with Ignacio, eight months pregnant, Blanca is welcome to the house, but never again will she be his wife. Reina has become her mother's sole interest; Constancia, to her father's distress, had to be sent to her grandfather's ranch in Camagüey. "When they were children, Reina had wondered why Constancia had been sent to live far away. But her mother told her only that she and her sister were meant to live apart" (*ibid*.: 69). They joined up again after their mother's mysterious death, their lives already heavily marked by separateness.

In 1959 Constancia escaped the island, Reina stayed on. Reina would keep in touch "with news of successive deprivations" (*ibid*.: 48), Constancia would send packages every Christmas and her letters carried news "only in passing" (*ibid*.: 69).

What the result of their reunion in Miami more deeply indicates is the persistence of the conflict between their two different worlds and a much suffered longing for a dialogue they have never shared. A month after her arrival in Miami Reina had already "got accustomed to the uneasy indolence of exile life" (*ibid*.: 157), while Constancia shows her attachment to the roots she never really had and, from her American comfort, "cooks *arroz con pollo*, fried plantains, a coconut flan for dessert, all served on fancy flowered plates" (*ibid*.: 159), after the Cuban fashion.

Following the structure of the novel, which, chapter after chapter, moves from one voice to another, in a mingling of perspectives, the encounter of the two sisters further marks the stream of their life-long estrangement. Reina takes her new life following the nature of her impulses, she is learning English, enjoys the surroundings, her physical activities, love-making and her interest in mechanics, she misses "the little plazas in every town. In Miami there are no places to congregate" (*ibid*.: 174), she laments, wishes that her roving daughter were with her, but, above all, she craves for some intimacy with her sister.

Constancia lives in another dimension. America is for her the bare setting in which she can forge the image she has always dreamt of for herself, despite the estrangement she surrounds herself with. Even the language she talks sounds out of date:

> In Miami, the Cuban Spanish is so different, florid with self-pity and longing and obstinate revenge. Reina speaks another language entirely, an explosive lexicon of hardship and bitter jokes at the government's expense. And her sister sounds like the past. A flash-frozen language, replete with outmoded and fifties expressions. For Constancia, time has stood linguistically still. It's a wonder people can speak to each other! (*ibid*.: 236).

Constancia lives on habits and manners which are no longer in accordance either with Cuban life nor with her own present one. Thoughts haunt her confusedly in rapid succession making her sink into deceitful memories: her mother, whom she rarely mentions "despite the thousands of royal blue bottles she processes daily" (*ibid*.: 237), the face surgery she underwent which made her the exact copy of Mama, her father, whose lie she guarded "a hideous jewel, for forty years" (*ibid*.: 237), her days in Havana, her forced stay at her uncle's, "the monotony of expectation" (*ibid*.: 47) waiting to go back home and her hatred for her sister with whom she "wanted nothing to do" (*ibid*.: 80). Reina and Constancia remember things they shared differently, others that they did not share at all: their own parents, their mother's death, their father's lies and suicide, their own lives. Why did Blanca refuse Constancia? Why did her father not tell her the truth when he took her to Camagüey? Why did he "ignore" Reina when she asked him whether he was her real father?

And then came Cuba for Reina, the United States for Constancia. One further abrupt separation. Yet, Reina was not a thorough revolutionary, regretted shortcomings, asked herself why she chose "to live like this, amidst the débris of her childhood and Papa's dead specimens" (*ibid*.: 67), and, once in the United States, her only expectation was for "Constancia to grant her small intimacies" (*ibid*.: 174), just as "over the years (she had) hoped her sister would return to

Cuba" (*ibid*. 69). On the other hand Constancia lives in her own self-created world: she cooks Cuban, "she uses her good china for every meal, predawn breakfasts included" (*ibid*.: 175), she attends a *santero* for propitiations, she cultivates the pride of the Cubanas in Miami, helping them to feel more *cubana*, knowing at the same time that "she isn't one of them" (*ibid*.: 45). Little Havana in Miami reminds her of the central market in Havana, which she would at times wander around with her father, and memories of those days keep coming back to her. Constancia keeps retrieving her past, building it up from within herself, for she could never live it the way her sister could.

Their past is indeed what keeps the two sisters desperately apart. Constancia does not allow for much confidence, her sister realizes that "she understood as little of her sister's life in America as she had in Cuba" (*ibid*.: 69), "Reina's continuance (in the old family apartment in Vedado, from which she was expelled as a child) irks Constancia. Why did her sister inherit their past ... while (she) managed to receive nothing at all?" (*ibid*.: 48).

Cristina García succeeds in portraying a situation of uneasiness. The situation is not one of exiles as such. It is one of characters at odds with their own cultural identity. *Cubanidad,* in the sense of a civil status, according to Fernando Ortiz's definition (Ortiz, 1973: 166) is certainly not questioned: never in the novel does a character feel deprived of his/her national dignity. He/she may live outside the island, an immigrant in a foreign country, may have different feelings about it, but never is there a hint of his/her status being injured. *Cubanidad*, though, does not go much beyond the fact that one was born in Cuba, where, according to Mañach, in Gustavo Pérez Firmat's comment on *El Espíritu de Martí*, "the continuous influx and outflow of peoples and goods have made it difficult to hold the sustained intramural discussion for self-definition" (Pérez Firmat, 1999: 13), with the result that a *conciencia del mundo* may have overtaken a *conciencia de isla*. Our point, though, is that, true as it may be that Cuba is the result of multiple cultures and the stratification of many a civilization and race, still its amalgama reflects a peculiar resonance: that of a past conforming to a present, that of a cosmopolitan, multiethnic society developing into the matrix of a homeland, constituted by "translations", englobing African and Iberian heritage with Latin and North American contributions, against the background of a geography which becomes one with one's history.

There is little doubt that the characters in the novel feel *cubano*, that their life, before or after the Revolution, inside or outside the island, is marked by their belonging to their land, whether it be expressed by the passion for nature, for the Revolution, for family bonds, by simple *lais-*

sez-faire attitudes, love for music, parties, looks or by the questions history carries along with itself. Whereas other minorities are shown to have suffered for their ethnic identity, *cubanidad* encounters no resistance.

Cristina García focuses on a different aspect of the feeling of belonging, which is altogether linked with Cuba's culture itself. That is the feeling of *cubanía*, the sense of identification with the secrets of the island, which, beyond inherited conditions, combines the continuity of multifaceted traditions with one's private world and has to be sought *"con las tres virtudes dichas teologales, de fe, esperanza y amor"* as from Fernando Ortiz's words (Ortiz, 1973: 166). *Cubanía* is the inner desire to acquire the *ethos* of the land; it may be a spontaneous as well as an intellectual feature, it may develop from within the island or from without, but in any case it indicates a symbiosis with it, its multi-layered history, its network of beliefs and its nature. That is exactly what Reina and Constancia are striving to come to terms with: fighting against a fate which held them apart, they are both engaged in searching for the truth of their past with passion and dedication, up to the final crisis when, on Herberto's boat, they confront themselves openly and violently with those "stone-blind lies" (*ibid.*: 276) separating them and they fight almost to the death. Reina is forced into the ocean and is about to drown, when her sister "drags her back aboard (and) with an open kiss ... Forces in breath, until Reina's chest rises and falls of its own accord" (*ibid.*: 277). An accord which dismisses "all the false histories pressed upon (them), accumulate(s) their true history like a river in a rainy season" (*ibid.*: 144).

If *cubanidad*, or the status of being Cuban, insular beyond insularity, owing to historical reasons, opens up to assimilations, *cubanía* focuses on inner relationships between one's self and one's background, filling the emptiness of sharing only the land's past. Far beyond nationalistic implications or personal rivalries, in the text Reina and Constancia, the two step-sisters, gain their *cubanía*, the reassuring pleasure of the knowledge of memories fixed inside, binding one generation with the other, translating past into present. The family gets together, Constancia can face the truth she was afraid to allow herself by going back to Cuba to discover her father's last papers. A story within history, via the magical realism of a departure from reality to move towards boundaries that overtake contingency shifting from space to space, from time to time, from point of view to point of view in as broad a spectrum of visions as possible. Enriching her search for identity García seems to bear out Ortiz's statement that Cuban culture is *"un concepto vital de fluencia constante"* (Ortiz, 1973: 4) in which the concept of *insularismo* expresses the wish to trace one's own distinctive features, within a condition in which fluctuation is essential to any definition: a condition in which *criollismo* is not confined to a passionate search, no matter how critical or intellectual, for a local geographical or anthropological identity, but leads to the essence of one's own personal definition beyond frontiers, either of space or time. In this sense, in *The Agüero Sisters* the characters' story/ies is/are the only possible, deluded way to come to terms with History.

BIBLIOGRAPHY

Primary Material

Arias, Ron. (1992). *The Road to Tamazunchale*. New York: Doubleday.
García, Cristina. (1992). *Dreaming in Cuban*. New York: Ballantine Books.
García, Cristina. (1998). *The Agüero Sisters*. New York: The Ballantine Publishing Group.

Criticism

Bhaba, Homi. (1992). "The World and the House", in *Social Text* 31.32: 141-153.
Clifford, James. (1991). "Diásporas" in *Revista Diáspora* 7: 95-103.
Fleites, Alex/Padura Fuentes, Leonardo. (1998). *Sentieri di Cuba: viaggio nella cultura, nelle tradizioni, nei personaggi*: Milano: Pratiche Editrici.
Gebbia, Alessandro. (1976). *Chicanos! Cultura e politica dei messico-americani*. Venezia: Marsilio Editori.
Lynn, Denis/ Heyck, Daly. (1994). *Barrios and Borderlands: Culture of Latinos and Latinas in the United States*. New York and London: Routledge.
López, Iraida. (1995). "Interview with Cristina García", in *Bridges to Cuba*, Michigan: Ruth Behar ed., University of Michigan Press.
Maffi, Mario. (1996). *Voci di frontiera. Scritture dei Latinos degli Stati Uniti*. Milano: Feltrinelli.
Mañach Jorge. (1944). *Historia y Estilo*. Havana: Minerva.
Mendez Rodenas, Adriana. (2000). "Diáspora o identidad: ¿Dónde va la cultura cubana?" in *Revista Ispano-Cubana* 8: 43-56.
Ortiz, Fernando. (1930). "La Cubanidad y los negros" in *Estudios Afrocubanos* 3: 2-15.
— (1964). "Cubanidad y Cubanía" in *Islas* 6.2: 19-34.
— (1973). *Contrapunteo cubano del tabaco y el azúcar*. Barcelona: Ariel.
Pérez Firmat, Gustavo. (1999). *My Own Private Cuba: Essays on Cuban Literature and Culture*. Bouldes: Society of Spanish and Spanish-American Studies, University of Colorado at Boulder.
Potvin, Claudine. (2000). "*Dreaming in Cuban*: la deconstrucción de las utopías", in *Celebración de la creación literaria de escritoras hispánicas en las Américas*. Ottawa: Girol Books Inc., pp. 103-111.

Wendy quiere volar
Notas sobre los cuentos
de Mylene Fernández Pintado

Diony Durán (La Habana/Rostock)

ENTRE numerosos factores de índole socio-cultural y políticos, posiblemente la música salsa y el cuento, sean lugares de exposición privilegia-
dos –y sustentadores– de la *cubamanía* que ha asaltado con fruición y de
preferencia, el interés europeo. Ambos géneros probaron suerte en los me-
dios de difusión masiva a través del cine, logrando un golpe de efecto ex-
pansivo consustancial al género, porque ciertamente tanto la música como
el cuento cubanos tenían una riqueza expresiva probada con mucha ante-
rioridad. "Buena Vista Social Club" y "Fresa y Chocolate", se pueden
apuntar como referencias clásicas en la capacidad difusiva que han alcan-
zado las adaptaciones de música y cuento y, al propio tiempo, son refe-
rentes que han sido vistos como transgresores de cánones, lo que los ha
hecho más atractivos. El primer filme, porque convoca a considerar a músicos de primera línea, que sin embargo estaban en el retiro;[1] el segundo,
porque rompía la tradicional pudibundez de la cinematografía cubana, al
tomar el tema del homosexualismo.

---

[1] Sobre el CD de Ry Cooder y el filme de Win Wenders, se produjo un debate con es-
pecialistas de música y cine, que recoge la Revista cubana *Temas*, La Habana, julio-di-
ciembre 2000, núms. 22-23: "Buena Vista Social Club y la cultura musical cubana", pp.
163-176. En relación con el tema tratado, Julio García Espinosa, director de cine en Cuba,
dice: "(...) Pero tal vez lo que más me chocó fue cuando Juan Marcos dijo algo que me
pareció una demagogia: que durante mucho tiempo estos músicos habían estado en el olvido. Él habla como si eso hubiera sido o sea exclusivo de este país y que, además, él fuera el gran descubridor, lo que al fin los rescató del olvido. Creo que es una demagogia por

"Fresa y chocolate" emerge del cuento de Senel Paz "El bosque, el lobo y el hombre nuevo", que ganó el Premio Internacional "Juan Rulfo" de la Radio Francia Internacional en 1990. Son muchos los críticos que afirman la importancia de este cuento como apertura y estímulo de la joven cuentística cubana, puesto que fungió como legitimador de un espacio narrativo subvertidor de cánones, legalizado a su vez con un premio internacional.[2] No obstante, los nuevos y jóvenes narradores de cuentos, proliferaban desde la década del 80 y desde entonces hasta hoy han conseguido, tras reiteradas publicaciones de antologías y cuadernos propios, captar la atención de la crítica y el público y establecer parámetros de calidad. El cuento se ha mostrado como un género de preferencia en la última década del siglo pasado en Cuba, anotando muchos nombres y títulos nuevos. Francisco López Sacha, en una especie de resumen evaluativo de la literatura cubana en los 90 decía en este sentido:

> "Un fenómeno como este no ocurría desde los años 40, cuando la gran diversidad de influencias creó el cuento moderno entre nosotros. Ahora estamos viviendo una experiencia similar y, por primera vez en nuestra historia, el cuento reina como el explorador por excelencia en este fin de siglo de la literatura cubana".[3]

Dentro de este movimiento de narradores, las escritoras debieron transitar pruebas reiteradas para probar no sólo su calidad, sino su posibilidad de verse incluidas en antologías y publicadas en cuadernos propios. Posiblemente es en la década del 90 que imponen una trayectoria, confirman la capacidad de su escritura y son atendidas con particularidad, no sólo dentro del movimiento general de narradores, sino con las especificidades del discurso de género, hasta el punto de integrar antologías de narradoras, que historian una producción femenina desde el siglo XIX y de hecho crean un *corpus*, lo dan a conocer y autorizan.[4] Desde la década del 60 aparecieron importantes cuadernos de cuentos de Nancy Robinson

eso y porque en cualquier parte del mundo, incluyéndonos a nosotros, cuando ya pasan una o dos generaciones, nadie se acuerda de artistas que alguna vez fueron populares." (ibid., p. 166).

[2] Ver entre otros muchos ejemplos: Salvador Redonet (comp.). (1993). *Los últimos serán los primeros. Antología de cuentos cubanos.* La Habana: Letras Cubanas.

[3] López Sacha, Francisco. (2000). "Literatura cubana y fin de siglo", en: Revista *Temas* 20-21: 156. Ver también: Soler Cedré, Gerardo. (2001). "Una mirada crítica a la narrativa cubana de los 90", en: Revista *El Caimán Barbudo* 33: 4 -5.

[4] Es el caso de la Antología editada por Marylin Bobes y Mirta Yáñez. (1996). *Estatuas de Sal. Cuentistas cubanos contemporáneos*, La Habana: Ed. Unión.

Calvet, Evora Tamayo, Nora Macía, Excilia Saldaña, Rosa Ileana Boudet, Chely Lima, Mirta Yáñez, Daína Chaviano, entre otras.[5]

En la última década del siglo XX, la crítica se detuvo especialmente en las más jóvenes narradoras que, apenas con un solo libro, alcanzaban premios y publicaciones dentro y fuera de Cuba.[6] Entre las más jóvenes, se han destacado en poco tiempo Anna Lidia Vega Serova (*1968), con cuadernos como *Catálogo de Mascotas* (1998) y *Bad Painting* (1998), dos excelentes libros de escritura cortante y personajes "al borde", que configura con variados recursos de experimentación narrativa. Ena Lucía Portela (*1972), luego de aparecer en varias antologías que la presentaban con el privilegio de ser una promesa de la literatura cubana, publicó en 1999 el cuaderno de cuentos, *Una extraña entre las piedras*. Una novela posterior y otras narraciones, van probando que cumple esa promesa.[7] Adelaida Fernández de Juan (*1961), publicó dos libros: *Dolly y otros cuentos africanos* (1994) y *Oh vida* (1999). Ambos libros tienen un fuerte acento testimonial, especialmente el primero cuenta sus experiencias como médico en África. En sus cuentos utiliza estrategias clásicas en el narrador, los personajes y la linealidad del relato. Mylene Fernández Pintado (Pinar del

---

[5] Robinson Calvet, Nancy (*1935): *Colmillo de jabalí* (1973); Evora Tamayo (*1940): *Cuentos para abuelos enfermos* (1961), *Fumando en pipa y otras costumbres* (1983); Ana María Simò (*1943): *Las fábulas* (1962); Nora Macía (*1944): *Los protagonistas* (1977); Excilia Saldana (1946-1999): *Kele-Kele* (1987); Rosa Ileana Boudet (*1947): *Este único reino* (1988); Chely Lima (*1957): *Monólogo con lluvia* (1980), *Tiempo nuestro* (1980); Daína Chaviano (*1957): *Los mundos que amo* (1979), *Amoroso planeta* (1982), *Cuentos de hadas para adultos* (1986); Mirta Yáñez (*1947): *Todos los negros tomamos café* (1975), *La Habana es una ciudad bien grande* (1980), *El diablo son las cosas* (1988).

[6] Los cuadernos publicados en la década del 90, alternan experiencias generacionales muy diversas. Esther Díaz Llanillo (*1934), que desde 1966 no había publicado un cuaderno de cuentos, llamó de inmediato la atención con su libro: *Cuentos antes y después del sueño* (1999); Virgen Gutiérrez (*1945): *Cuentos Virginales* (1997), Iris Dávila (*1918): *Intimidades* (1998); Aida Bahr (*1958) muy conocida cuentista, había publicado *Hay un gato en la ventana* (1984) y *Ellas de noche* (1989), y prácticamente diez años más tarde publicó: *Espejismos* (1958). Ana Luz García Calzada (*1944): *Desmemoria del dolor* (1989), *Los ojos de papá* (1990), *Heavy Rock* (1995); Nancy Alonso (*1949): *Tirar la primera piedra* (1997); Marylin Bobes (*1955) se destacó especialmente al ganar el Premio de Cuento de la Casa de las Américas de Cuba en 1995, con el cuaderno *Alguien tiene que llorar*.

[7] Ena Lucía Portela nació en 1972. Su libro es: Portela, Ena Lucía. (1997). *El pájaro: tinta china y pincel*. La Habana: Unión. Este libro ganó el Premio Nacional de Novela de la Unión de Escritores y Artistas de Cuba (UNEAC) en 1997. En 1999 ganó el Premio de la Radio-Difusión francesa "Juan Rulfo", con el cuento "El viejo, el asesino y yo".

Río, *1963), ganó el Premio "David" en cuento, de la Unión de Escritores y Artistas de Cuba, en 1998 con su libro *Anhedonia*.

Mylene Fernández Pintado presentó inicialmente algunos cuentos que forman su libro al Concurso de la Revista de la UNEAC, *La Gaceta de Cuba*, y en dos ocasiones obtuvo Mención para ambos. También ganó "Mención" en el Concurso "Fernando González" en Colombia y sus cuentos han sido antologados en Cuba, Colombia, Italia, España y Estados Unidos.

Anhedonia, aunque premiado en 1998, apareció publicado al año siguiente y de inmediato ganó la atención de los lectores y la crítica especializada. El libro contiene diez cuentos, que la autora afirma que guardan el orden en el que fueron escritos. Son cuentos breves, en los que se cumple la ya antigua convención de la "economía de recursos". Cuentos mediados por la subjetividad femenina, indagadores del universo íntimo y constantemente retadores, buscando las contradicciones, los matices que conforman los caracteres de sus personajes. "Anhedonia", el cuento que da título al libro, juega al claro-oscuro, su paratexto es equívoco, tal vez malévolo, para producir anticipaciones sobre la historia de dos mujeres que se envidian recíprocamente. En esta narración los cambios de narrador propician un diálogo interiorizado, sostenido en la subjetividad de cada uno de los personajes. Lo que ambas se dicen no interesa, sino aquello que ocultan: la pérdida de la autoestima y del deseo.

Con un exergo de *Peter Pan*, el próximo cuento: "El oso hormiguero" muestra, quizás más que ningún otro, la habilidad de la autora para moverse dentro de las metáforas, para convocar en el lector una resonancia que va más allá de la escritura. El cuento narra la pérdida de la virginidad de una adolescente. Entre la cita inicial y el final del cuento, se tiende un breve hilo que atrapa el vuelo entre la adolescencia y la adultez, uno de los tópicos que obsesionan a la escritora: "—Soy persona mayor, Peter Pan. Crecí hace mucho tiempo. —Tú me prometiste que no crecerías, Wendy. —No pude evitarlo" (James Matthew Barrie. *Peter Pan y Wendy*). Al finalizar el cuento, el personaje dice:

> (...) Lloré porque había salido de las páginas de los Hermanos Grimm para entrar, no muy a gusto, en las de Henry Miller, y porque había perdido la única e irrepetible oportunidad de disfrutar el acontecimiento más importante de mi vida, que no había sido sublime, soñador, vaporoso, ni etéreo. Ni siquiera desgarrador o violento. Nada. Fue lamentablemente gris e incómodo. Lloré mucho, no hasta quedarme dormida, pero lloré mucho y me dormí muy tarde (Fernández Pintado, 1999: 25).

"Felicidades Mayte", "Una decisión muy importante" y "Alejandro Magno", ensayan tres variantes del equívoco, la inseguridad, la relatividad de valores, la opinión ajena. La primera narración utiliza las claves de una relación de pareja; la segunda —de apenas dos páginas— valora el acto de decir que NO; la última comprueba como la variabilidad de la opinión, la superficialidad y el arte del interés, logran ignorar a una persona, hacerla invisible en sus capacidades propias.

Los cinco cuentos restantes forman una unidad temática, están dedicados a la emigración cubana en Estados Unidos, pero su cuerda esencial es el *deseo*, la búsqueda, el anhelo. Esta idea se explicita en "El día que no fui a Nueva York". El cuento explora qué sucede con los deseos por cumplirse e inicia la serie del viaje. En las otras cuatro narraciones, el *deseo* se convierte en un tópico del tránsito geográfico y humano, de la búsqueda de un nuevo proyecto o tal vez, de manera pasatista, en la nostalgia del país de origen. Mylene Fernández Pintado testimonia de modo muy peculiar, el primer estado del viaje de la emigración, captando lo que Freud llamó en su momento el "proceso del Dolor".

Marylin Bobes en su cuento "Alguien tiene que llorar" (Bobes, 1995), había elaborado una variante de la muchacha cubana que se casa con un extranjero para irse del país, a partir de la contradicción entre la cultura cubana y la europea y la mítica erótica caribeña. "Mare Atlanticum", de Mylene Fernández Pintado, acomete la relación de amor verdadero entre una cubana y un español. El cuento de Bobes se mantiene dentro de una estructura de opuestos radicales y un nivel cultural muy bajo en la protagonista, mientras que "Mare Atlanticum" intenta asumir el laberinto sentimental de la pareja y su mayor acumulado cultural, en relación con las consecuencias del viaje:

> Hemos intentado construir una isla equidistante en medio del Atlántico, que tenga algo de la Praga de Neruda y Kundera, las cerezas de Kiarostami, las mañanas de Cat Stevens y nuestro horror a la cebolla. De esas cosas que nos alejan de donde somos y nos acercan uno al otro. Construimos la isla pero no podemos habitarla. Nos hemos alejado de las diferencias que nos complementan y no alcanzamos la armonía que nos análoga (Fernández Pintado, 1999: 55).

La constante del viaje transgresor de las fronteras propias, hacia la emigración, condiciona el cronotopo de los cuentos con determinaciones culturales y sentimentales. "El vuelo de Batman", "Cosas de muñecas" y "Vampiros" siguen este derrotero al formar tres eventos diferentes de una misma experiencia: vivir en Miami. Cuentos de prosa tensa con la que la autora remeda el desconcierto, la desorientación y cierto movimiento sin objetivo en los personajes, para representar la vida de la ciudad: "(...) Por eso tengo que tomarte de las manos para retenerte mientras te digo Gracias, como agradecen los peregrinos, los moribundos, los convidados a la demencia de su hechizo insolentemente impuesto en esta ciudad donde todo es posible e imposible." (*ibíd.*: 79).

Anhedonia es un libro sin aparente unidad. Las diferentes diégesis de los cuentos, incluso las diferencias espaciales, podrían proponer una división entre narraciones en La Habana y fuera de La Habana. Sin embargo es un libro equilibrado por las preguntas constantes con las que la autora introspecciona, hace confesar a sus personajes, instándolos a revisarse, proponiéndoles breves plazos para crecer o viajar o transformarse o morir, como también ocurre en el cuento: "Vivir sin papeles" (Fernández Pintado, 2001), recientemente publicado. Cuento que por su tratamiento narrativo y temático podría formar parte del *continuum* del viaje hacia los Estados Unidos.

Detective o escritora, Mylene Fernández Pintado, establece sus pesquisas sobre el sueño, los deseos, la relatividad de las acciones, los matices que circundan la vida en movimiento y el movimiento de la vida. Ha iniciado con celeridad y éxito su escritura en el momento oportuno en el que confluyen las miradas sobre la narrativa cubana y especialmente la femenina. Su propia voz, sus deseos, los motivos de sus viajes, podrán develar a los lectores algunos secretos de sus narraciones e incitarlos a la lectura de quien intenta apasionadamente la escritura como un vuelo.

BIBLIOGRAFÍA

Obras

Bobes, Marylin. (1995). *Alguien tiene que llorar*. La Habana: Ed. Casa de las Américas.

Fernández Pintado, Mylene. (1999). *Anhedonia*. La Habana: Ed. Unión.

— (2001). "Vivir sin papeles", en *Revolución y Cultura* 2: 9-10.

Crítica

López Sacha, Francisco. (2000). "Literatura cubana y fin de siglo", en *Revista Temas* 20-21: 150-158.

Redonet, Salvador (compilador). (1993). *Los últimos serán los primeros. Antología de cuentos cubanos*. La Habana: Ed. Letras Cubanas.

Soler Cedré, Gerardo. (2001). "Una mirada crítica a la narrativa cubana de los 90", en *Revista El caimán Barbudo* año 33, 302: 1-10.

Strausfeld, Michi (ed.). (2000). *Nuevos narradores cubanos*. Madrid: Siruela.

Yáñez, Mirta/Bobes, Marylin (eds.). (1996). *Estatuas de sal. Cuentistas cubanas contemporáneas*. La Habana: Unión.

El vuelo de Wendy
Entrevista a Mylene Fernández Pintado

Diony Durán (La Habana/Rostock)[1]

DD: ¿Cómo te consideras a ti misma con un solo libro publicado? ¿Eres una principiante, o dentro de la crítica te consideran una "principiante", porque tu primer y único libro hasta ahora es de 1999?

MFP: Te pudiera responder con una cosa simpática. Yo de repente me encuentro que me llaman y me dicen: "Ve a un encuentro de jóvenes escritores", y yo digo, pero si tengo 37 años, cumplo 38 dentro de un mes, pues ya no soy joven y todavía no soy escritora. Y entonces la gente me dice, "entonces, ¿qué tú haces en la vida?" Yo escribo, pero no se me ocurría decir que soy escritora. También me he encontrado con que cada vez que me hacen una crítica, todo el mundo dice: "este *no* es un libro de principiantes, este *no* es un primer libro, este *no* es un primer cuento..." Cuando se lo di a Arturo Arango que lo estaba editando para *La Gaceta*[2], en algo así como un ataque de confianza me dijo: "Mylene, entre tú y yo, ¿este es tu primer cuento? Verdad que nunca, nunca antes habías escrito?" A mí me da mucha pena no haber escrito poesía cuando era adolescente, como casi todo el mundo hace. Pero para mí la literatura era algo tremendamente serio, como para yo ponerme a escribir. ¡Yo había leído tanto! Hay gente a quien leer le provoca el deseo casi incontrolable de escribir, a mí me provocaba el terror de saber que eso yo no lo iba a poder hacer. Cada vez que me he ganado un premio o una mención en un concurso me he quedado como fría.

---

[1] La entrevista fue realizada el 9 de marzo de 2001, en La Habana.

[2] *La Gaceta*, revista de la Unión de Escritores y Artistas de Cuba, es publicada seis veces al año. Convoca anualmente a uno de los Premios literarios más prestigiosos de Cuba.

116

Con la mención de "Anhedonia"[3], pues yo había acabado de tener a mi hijo y estaba en mi casa sin hacer absolutamente nada, cargando un bebé, sin ningún roce anterior con niños, y aquello para mí era un *shock*. La vida profesional de todo el mundo seguía andando. Un día tengo al bebé cargado y pongo una emisora de música clásica, por aquello de que los niños tienen que escuchar a Mozart y a Bach para que se estén tranquilos... y oigo lo del concurso de *La Gaceta*. Para mí el concurso de *La Gaceta* era una cosa desconocida; la UNEAC (Unión de Escritores y Artistas de Cuba) queda a dos cuadras de mi casa y yo no tenía ni idea. Pero dije, pues voy a escribir, y empecé a pensar en ese cuento. A veces tenía el bebé cargado y lo dejaba un ratico en el corral y garabateaba una cosa. Cuando yo terminé aquello, lo leyó mi hermana y nadie más, y mi madre que lo pasó al ordenador. Yo no podía enseñárselo a nadie más, porque si me decían que no servía lo iba a romper. Me dije, pues si no sirve que lo diga el jurado y lo llevé y regresé a mi vida de lava-lava y biberón... Cuando a mí me llamaron para decirme que yo era finalista, empecé a llorar. Luego me enteré que hasta diez minutos antes de la entrega se debatía el premio entre mi cuento y otro, y después me empezaron a llamar a mi casa personas que yo desconocía, para decirme que era muy buen cuento. El cuento tuvo un "boom", luego lo editaron en Estados Unidos, en Italia, en Luxemburgo, y también con él hicieron un guión. Todavía a estas alturas me llaman personas para decirme que si tiene la estructura del reloj de arena. Yo me quedé... La gente ha seguido leyéndolo, encontrando lo que yo no sé qué estaba escribiendo. Pero cuando vi que lo del cuento salía así, me dije, pues, esto es algo que me puedo poner a hacer en la vida y me decidí a seguir escribiendo.

El premio de "Vampiros", pues me encontré la noticia del concurso en un pedacito de periódico, envié el cuento y luego lo olvidé. Un día me dicen que me llamaron de Pamplona. Digo que allí no conozco a nadie, pero llamé y mientras hablaba por teléfono, veía mi cara en el espejo: iba abriendo la boca y no la cerraba, mientras oía que "usted ha sido finalista de este concurso, tiene una cena de gala, si va con acompañante que vaya con corbata..." Yo me preguntaba qué era aquello. Aquel día fui aterrorizada; cuando dijeron que no había que levantarse para ir a buscar el premio, fui feliz. Realmente no podía casi ni comer y me parecía que estaba en un *set* de películas de Woody Allen en los que todos comen y son neoyorquinos y

---

[3] Este cuento de Mylene Fernández Pintado integra el volumen de cuentos suyos, *Anhedonia*. (1999). La Habana: Ed. Unión, Premio "David" de Cuento.

muy intelectuales y yo los miro asombrada. Cuando me dicen que un cuento es bueno no sé qué responder, y si me indican alguna falta, digo que es verdad. En ese sentido pienso que siempre voy a ser principiante.

DD: Si no eres o no te consideras escritora, ¿qué eres, en qué trabajas y qué relación existe entre tu trabajo y tu escritura? ¿Escribes como acto compensatorio, como cuando cargabas a tu bebé?

MFP: Yo soy abogada y fui abogada hasta el mes de diciembre (2000). Cuando uno es abogado las palabras y los signos de puntuación pesan lo suyo, y como quien dice, con una coma se manda a cualquiera a la horca si no se pone bien. Cuando se escriben artículos legales, leyes, nada puede sobrar ni faltar; en ello hay que prever absolutamente todo, porque se está legislando la vida, y los estados de derecho existen para que las personas vivan de acuerdo a normas. Todo se lee con mucho cuidado. He estado delante de un contrato en el que entre líneas estan las fórmulas para que el contrato sea desfavorable y casi no se nota. El Derecho me dio la posibilidad de leer con atención y escribir con atención, porque todo lo que lea y todo lo que escriba dice mucho más que lo que una primera lectura pudiera revelar.

DD: ¿Por qué dejaste de ser abogada?

MFP: Yo empecé estudiando arquitectura; me iba bien académicamente, pero soy mala dibujante, y me di cuenta de que no me iba a ganar la vida haciendo planos, pues eso no me gustó. Decidí cambiarme de carrera de una manera absolutamente frívola; me dije que iba a cambiarme a una carrera en la que no tuviera que pasar trabajo. Escogí Derecho, terminé con Título de Oro, sin mucho trabajo, pues todo se aprendía de memoria. Cuando terminé no quise ser ni fiscal, ni juez, ni abogado de bufete, pues la relación con el derecho la quería distante, y empecé a trabajar en el ICAIC (Instituto Cubano del Arte y la Industria Cinematográfica). Era una manera de legislar dentro del cine. Estoy en la abogacía pero no estoy. Trabajé en promoción, también como funcionaria, pero lo dejé al año, porque aquello era una locura y siempre con el sentimiento de que hacía algo que no me gustaba mucho. Finalmente cuando estuve en España se produjo un cambio de dirección en el ICAIC, entró Omar González, antes Presidente del Instituto del Libro. Hablé con él, que estaba revitalizando las publicaciones en el ICAIC y me nombró algo así como coordinadora editorial, como asesora de publicaciones de cine. Antes yo corregía los artículos de mis amigos de la Cinemateca, ahora este es mi trabajo y lo hago muy a gusto.

DD: Hemos hablado de la sorpresa de tu recepción literaria, pero valorándolo ahora más exactamente, ¿cómo te recibió el público y la crítica en Cuba y el extranjero?

MFP: Me han hecho críticas en Cuba muy favorables. Cuando salió el libro, decían loas y alabanzas, que la percepción de los personajes era muy aguda, que los entornos en las historias fuera de Cuba eran auténticos, el uso del humor. En España sobre el cuento que ganó el concurso, las personas que me llamaron, precisamente el Asesor Literario, dijo que les parecía muy buen cuento y el que publicaron en la Antología de Siruela,[4] el cuento se llama "El día en que no fui a Nueva York" y se volvió como el título del libro. Todos me preguntaban si fui o no fui a Nueva York. Sí, la crítica ha sido benévola, los cuentos han tenido muy buena acogida. En cuanto al público, el libro se lanzó en Cuba y a los quince días fui a buscar ejemplares a las librerías y prácticamente compré los últimos. Aquí no hay políticas de reimpresiones y de cierta manera lo entiendo, pues hay que apoyar a los que no han publicado, pero me dijeron que sí, que iban a hacer una excepción, que iban a hacer un plan de reedición para poderlo editar y se ha quedado en eso. Mucha gente me para por la calle o amigos que se lo prestan entre sí. A veces se extrañan de que yo hubiera escrito el libro, como un señor en el ICAIC, muy crítico con todo, me dice un día: "Señora, yo le quiero pedir disculpas porque yo no pensé que usted escribiera tan bien, le he pasado su libro a varias personas." No sé, si me guío por eso, la acogida del libro ha sido una maravilla porque anda rodando, la gente se lo pasa. A nivel de público ha funcionado, la crítica ha sido buena. Lo que exijo yo cuando leo, es lo que quisiera darle a las personas cuando leen mis cuentos.

DD: ¿Qué te gustaría más, el diálogo con la crítica profesional o con el público?

MFP: En general me gustaría saber de las dos partes. El crítico y el estudioso lo leen de otro modo, piensan en tema, discurso, a qué escuela se

---

[4] Se refiere a la Antología de cuentos cubanos que compiló Michi Strausfeld. (2000). *Nuevos narradores cubanos*. Madrid: Siruela.

pertenece. Eso me gustaría que me lo dijeran como diagnóstico. Un día me dijeron que yo era del "postboom".

DD: Y tú, ¿qué crees, perteneces al *boom* del cuento que se está produciendo desde el 80 en Cuba y dentro de eso a la explosión de escritura femenina?

MFP: No sé, yo estoy llena de dudas. Escribí por puro azar. Escribo cuentos porque me encantan, los adoro. Me gusta leerlos y escribirlos. Pero no sé si pertenezco a alguna escuela. No soy ensayista, no soy profesora de literatura, no soy crítica, sólo soy la lectora media y no puedo ubicarme. Soy mujer, y eso me ubica dentro de la literatura femenina. Algo de eso se escribió en la contraportada del libro. Pero no creo que yo aborde tantos problemas femeninos, sólo cuento problemas de personas. Si yo fuera Margarite Yourcenar me encantaría hacer *Las Memorias de Adriano*, pero no me atrevería a escribir desde un personaje masculino, porque me da miedo que no me quede bien. He tratado de contar historias.

DD: Entonces, ¿ni siquiera conscientemente te sientes escribiendo literatura femenina o qué tal feminista?

MFP: Diderot decía algo así como: "La mujer contiene en sus adentros un órgano susceptible de espasmos terribles que suscitan en su imaginación fantasmas de toda especie. Durante el delirio histérico la mujer revive lo pasado, se abalanza sobre el porvenir y todos los tiempos le son presentes. Es del órgano propio a su sexo del que parten todas sus ideas extraordinarias."

DD: ¡Pero eso es todo lo contrario al feminismo!

MFP: Bueno, pero si todas somos esa especie que logra aunar todos los tiempos es una maravilla, y estamos llenas de ideas extraordinarias que parten de una cosa innegable que es nuestro propio sexo, pues bendito feminismo. Lo que digo no es la opinión de una especialista. ¿Qué es la literatura femenina?, ¿La que firma una mujer? No debe ser. Las mismas cosas de Carson McCullers, como *El Corazón es un cazador solitario*, por ejemplo, no tiene nada que ver. Katherine Mansfield o Dorothy Parker, ya ves mujeres hablando. El feminismo podría estar en los temas que se traten. No he visto muchos cuentos de mujeres soldados. Evidentemente no sólo hay diferencias biológicas, sino que hay también un discurso diferente. El asunto no es que sean mejores o peores. He leído a magníficas escritoras y magníficos escritores. Espantosos escritores y espantosas escritoras. Si la mujer tiene alguna diferencia se nota tanto en la escritura como en la forma de actuar, de razonar. Diferencias hay, y el discurso femenino existe, se narra desde otra perspectiva, se evalúan las cosas de manera diferente. Para mí el asunto es que quiero contar cosas y las quiero contar bien.

DD: ¿Cómo escoges los temas?

MFP: Me gusta el minimalismo, partir de un hecho que tenga posibilidades de abrirse, ampliarse y que resulte toda una filosofía de la vida. A veces he oído decir que no se puede escribir de una mujer que está fregando. Cómo que no, una persona que está fregando y el agua del grifo le va cayendo sobre la vajilla, eso da una cantidad de reflexiones universales. El asunto no es el hecho, aunque parezca de poca importancia. El hombre que está en una mesa de negociaciones firmando un armisticio con las Naciones Unidas está decidiendo el planeta, y la mujer que está en su casa friendo unas salchichas tiene un mundo interior tremendo. Trato de escribir sobre temas universales, incluso alguien me ha dicho como acusándome que por los temas que trato no soy muy de Cuba. Pero lo que me interesa es que sean cuentos de personas. Dicen que "Anhedonia" le podría suceder a cualquier persona. Una vez llegué a un restaurante con unas italianas, aquí en La Habana, y cuando se enteraron que yo había escrito ese cuento que se había publicado en Italia, me dijeron que al leerlo habían pensado que era bueno saber que no sólo era a las milanesas que les pasaban esas cosas. La traductora del cuento me confesó que tuvo una historia así y cuando salió el cuento en los Estados Unidos, las reseñas eran buenísimas. Pensé entonces que si muchos se han encontrado reflejados en este cuento, es porque estoy escribiendo sobre asuntos, sentimientos universales y eso me interesa mucho. Tampoco es el hecho de situar los cuentos en un contexto incierto; precisamente por ser locales se vuelven universales. Cuando Tarkovsky filmó una de sus películas, contó que lo llamaban a su casa y le preguntaban cómo sabia lo que a ellos mismos les había ocurrido; él dijo que sólo había contando lo que le sucedía a él, y si había logrado ser también la preocupación de todo el mundo, pues bienvenido sea.

DD: ¿Será por eso que alguna crítica a tus cuentos dice que por fin alguien dejó de ser tan regionalista en la cuentística cubana?

MFP: Esa es una cara de la moneda. El otro día alguien me decía "he oído decir que tu libro no es muy cubano". No sé si eso es un piropo. Cuando salieron las críticas a la antología de la editorial Siruela yo estaba en España. Empezaron a dividir a los integrantes de la antología en los que vivían aquí o allá, a mí me pusieron con los que no vivían en Cuba. Me dije, si estoy escribiendo como una voz un poco más allá de la realidad en la que estoy viviendo, pues tendré que tomarlo como un elogio. Ciertamente los cuentos no son muy regionalistas.

DD: Al parecer no estás preocupada por los temas que actualmente captan el mercado, temas de Cuba, política, sexo, escatología, algo que se ha visto con preferencia en el mercado editorial español. ¿Cómo ves esto?

MFP: No, eso no me interesa, no lo sé hacer, no sería una cosa que me preocupe.

DD: ¿Será que tienes una relación autobiográfica con tus temas?

MFP: Las historias que he contado y que suceden en otros lugares fuera de Cuba, son sitios donde he estado. Sobre eso me dicen que los entornos parecen auténticos, pero eso también es relativo. Yo no soy Jules Verne que estaba sentado en su casa y viajaba a la luna; he estado en los lugares que narro.

DD: Entonces, ¿has estado en los Estados Unidos y en España, por motivos de trabajo o personales?

MFP: Por motivos de trabajo. A España iba porque impartí conferencias en la Universidad, a Estados Unidos fui a un evento de Literatura caribeña. Eso fue en Nueva York, y luego viajé a Miami que es donde está la familia de los cubanos. Allí me moví en medio de personas que se habían ido a Miami hacía muy poco y que estaban experimentando el volver a nacer con 30 años, que es algo complicadísimo, porque no tienes inocencia y tus papás no te protegen. Me convertí como en la confesora de todos, ellos estaban en la primera etapa de llegar a un lugar y lo que valoraban era lo que habían perdido y entre ellos mismos no se lo confesaban, quizás por ese respeto de no estarse lamentando. Pero yo era un ave de paso y creo que cada uno de ellos se sentó conmigo, y les debo muchas cosas, entre ellas les debo libros que no tengo. Les debo concepciones de gente desesperanzada, que a lo mejor ya no lo está. Hace cuatro años que no los veo. Pero recogí el primer momento en los cuentos y creo que eso fue una cosa buena que me pasó.

DD: ¿Quieres decir de alguna manera que escribes recogiendo los temas de pronto, casi con inocencia, es que crees en la iluminación, en la inspiración?

MFP: Fervientemente. Todo el mundo me dice que me siente a escribir todos los días una cuartilla, pero jamás lo he hecho. Sentarse y empezar a escribir ciertamente es una manera de calentar la mano y llega un momento en el que uno está sumergido en el lugar y en el personaje. Pero ese ejercicio sistemático celebro y envidio a todos los que lo hacen. Las historias me asaltan en cualquier momento, y las ganas de escribir vienen un tiempo y después se van. Si están los deseos, están, y si no, no. A veces vienen, pero yo los espanto, porque a veces tengo ganas de escribir y me entretengo con otra cosa, es como dice Ibsen, "cuando tengo ganas de trabajar, me siento a ver si se me pasan".

DD: En tu libro tienes un universo referencial amplio, usas muchas citas como exordios para entrar en los cuentos, algunas de estas citas son de cuentos infantiles, por ejemplo de *Peter Pan*. ¿Por qué las citas, y por qué especialmente de los cuentos infantiles?

MFP: Lo primero que quiero es hacerle un comercial a *Peter Pan*; para mí ése es el Libro, con mayúscula. Es el libro de los libros. Lo estoy leyendo desde que tengo como siete años, la semana pasada lo terminé de leer por última vez. Me pregunto: vas a tener 70 años, vas a ser una vieja y ¿vas a seguir leyendo a *Peter Pan*? Bueno, ojalá. Podría decir que tuve una infancia buena, amable. Cuando yo era niña mis padres trabajaban en Santiago de Chile; mis padres se preocuparon mucho porque yo leyera. Tengo mi infancia atesorada y tal vez tenga el síndrome de Peter Pan, que tuvo tan buena infancia que no quiere salir de ahí, que no quiso crecer. La literatura infantil para mí es maravillosa. Ya cuando iba a la escuela leía los cuentos de los hermanos Grimm, y hace poco vi un documental sobre la vida de James Matthew Barrie y quiero escribir sobre eso, porque me parece increíble cómo detalle a detalle la vida del autor sigue en el libro. A veces la literatura infantil ha salido de cosas tan tremendas como el caso de Lewis Carrol, que tenía incapacidad para moverse en el mundo de los adultos; Barrie que no podía crecer de estatura, como si no quisiera ser mayor, ni siquiera biológicamente mayor. Barrie hizo con una familia lo que hizo Peter Pan. Llegó a una casa, eliminó a los padres, se llevó a todos esos niños e instauró en su casa una especie de Nunca Jamás y los niños no fueron felices. Es la lectura que yo hacía finalmente, los niños tenían que regresar al mundo, nadie puede vivir eternamente en un caos, tenían que crecer. A veces esos maravillosos cuentos salieron de tanto sufrimiento, de historias tan oscuras. La literatura infantil me parece universal, llena de lecturas, de subtramas, es como ir buceando, todavía me sirven para valorar el mundo de los adultos. A veces no encuentro metáforas ni frases mejores para valorar a una persona o hechos que remitirme a un cuento infantil. Es como si todo estuviera dicho, o quizás es que el primer recuerdo que uno empieza a guardar en literatura son las frases de los cuentos y siguen acompañándonos.

DD: Precisamente por la intertextualidad en tus cuentos, porque se siente ese impulso que ahora has descrito, me podrías decir ¿qué es más importante para ti, crecer o volar?

MFP: Volar. Puedo decir hasta en un sentido un poco tonto que yo era de las niñas que pensaban si Peter Pan venía y me quería llevar y si yo me llevaría a mi hermana. Yo sacaba la cuenta de que las ventanas de mi casa son ventanas "miami", que Peter Pan no podría entrar. Otras veces yo ponía pan para los pajaritos porque me acordaba de Cenicienta y ya yo era una adolescente que no tenía que estar pensando en eso.

DD: ¿Crees que exista una sola oportunidad en la vida o que existan muchas?

MFP: Las relaciones con las oportunidades son individuales. Hay personas cuya *karma* es que le dan una oportunidad y la desaprovechan y le siguen dando otras. Hay personas que se aferran a la primera oportunidad y a lo mejor se pierden otras que también eran buenas. Hay personas que nunca se enteran de que van teniendo oportunidades. Sobre volar, a veces los siquiatras preguntan a las personas que si fueran un animal qué quisieran ser, un león, un perrito... Yo quisiera ser un pájaro; me baño en la playa y miro a las gaviotas. Volar me parece una cosa en todo sentido maravillosa. Que Peter Pan entre en una habitación y se lleve a tres niños volando, me parece maravilloso. Si alguna niña en el mundo se merecía un Peter Pan, era yo.

DD: ¿Cómo es tu literatura en cuanto a arraigos y rupturas de la vida y el acumulado literario que tienes en tu cultura?

MFP: Cuando era muy niña vivía en Santiago de Chile y cuando adolescente en España, porque mis padres trabajaron allí, fui a Francia e Italia. Eso me dio una relación especial con los viajes. A veces uno tiende a pensar que la única forma válida de enjuiciar es la que uno tiene porque uno no tiene muchas posibilidades de comparación, o sea, que uno conozca personas que viven en otro sitio y vengan a Cuba, no te sirve porque no se están moviendo en su mundo. Para mí los viajes me han servido como una cura de humildad y para darme cuenta de que yo sólo soy una persona con mis rutinas y mis liturgias que son tan válidas como las de cualquier otra persona. Que hay muchas maneras de comer, de ducharse, de escuchar música, de discutir. El mundo es enormemente grande y todos somos seres humanos con un montón de conductas. Yo soy sólo un puntico en un universo de seres igual que yo, que hacen cosas tan válidas como las mías de manera diferente.

DD: ¿Te aterra esa idea de la paralelidad de todos esos universos mínimos, de los microcosmos?

MFP: Recuerdo que una vez estaba en el MOMA de Nueva York y era algo así, me senté y pensé lo mínima parte que era yo, sin grandes pretensiones... No me aterra esa idea, me gusta que el mundo sea muy, muy grande.

DD: ¿Y en cuanto a tu equipaje literario?

MFP: He sido una lectora indiscriminada, he leído una gran cantidad de mala literatura, tengo por principio no abandonar ningún libro. Cuando era niña mis padres me iban conduciendo, luego uno empieza a escoger las cosas. Creo que de cualquier libro siempre se encuentra una frase que sirva. Uno absorbe y absorbe como una esponja. Muchos libros me parecieron maravillosos: de Kundera, los centroeuropeos... Luego leí a Kafka y me dije, todo parte de aquí. Después los norteamericanos, el cuento norteamericano, la "short story" me parece una genialidad, Truman Capote. De Kundera y Truman Capote lo he leído casi todo.

DD: ¿Qué prefieres, cuentos o novelas?

MFP: Ambas cosas, pero el cuento aparece como una construcción de orfebre. En el cuento es casi más importante el silencio que la palabra.

Uno tiene diez cuartillas y en ellas no se puede contar la vida. Solo se cuenta un pequeño evento, detrás de eso tengo que dibujar la persona, detrás de esas cuartillas está su pasado, quizás su futuro. El cuento es como una carrera contra reloj, no permite el altibajo, el cuento está o no está. Me gusta algo mágico del cuento, algo elíptico, de usar un hecho pequeño, escribirlo en pocas páginas, tener que esbozar casi los personajes, estar obligada a ser más aguda. Es como la punta del iceberg y debajo está todo lo demás. El cuento es maravilloso, como un estado de ánimo.

DD: ¿Tienes un autor de cuentos que sea tu maestro?

MFP: Alguna vez me han dicho que escribo como en los cuentos norteamericanos y creo que es el mejor elogio que me han hecho. Me fascinan los cuentos de Truman Capote. Recuerdo especialmente "Un recuerdo navideño", que pareció magnífico y poco tiempo después pude leer una entrevista a Truman Capote en la que decía que él había escrito el mejor cuento en lengua inglesa y se llamaba "Un recuerdo navideño". Entonces me alegró haberlo descubierto como el mejor cuento. Luego leí a Dorothy Parker, Katherin Mansfield me encanta, Salinger.

DD: Muchos de los escritores cubanos son graduados universitarios de carreras de letras, sin que esto sea para nada una regla. ¿Tú crees que si hubieras obtenido una cultura disciplinada como la universitaria de especialidad literaria, eso hubiera sido mejor que haber obtenido tu formación literaria a partir de tu entorno familiar?

MFP: No sé. Pero tu pregunta me hace recordar que hace poco se aparecieron un grupo de norteamericanos en mi casa, que habían leído "Anhedonia" y allí estuvieron dos horas, cantando alabanzas y cuando llegaron a comparar el cuento con una parte del *Ulises*, me desentendí porque me pareció broma. Pero me preguntaban, ¿cómo es que tú en la segunda parte, de una primera persona pasas a un narrador omnisciente y luego pasas a la otra persona? Yo le contesté: la audacia del ignorante. Si yo hubiera conocido tantas reglas, me hubieran atemorizado. Nunca he ido a un Taller Literario. Mientras escribía los cuentos llegó un amigo que me dijo: "Ah, pero escribiste estructura circular, adjetivación de no sé qué manera...". Pero yo no lo sabía. No sé si tener una formación de ese tipo me hubiera hecho más lanzada o me hubiera puesto coto, porque me hubiera puesto a respetar cosas, o porque moverme en ese mundo en el que todo el mundo escribía me hubiera puesto a pensar que todos lo hacían mejor que yo y que para qué yo iba a hacerlo.

DD: Dices que tienes una afinidad con el Minimalismo y existen varias acepciones en música, en poesía también y hasta en cuentística, porque hay quien escribe un cuento en una sola línea de una sola frase. ¿Te llevaría esa afinidad a buscar esto, o sea, no necesitarías diez cuartillas en ese caso, una sola cuartilla te sobraría?

MFP: Bueno, "Una decisión muy importante" es un cuento que tiene una sola cuartilla, es sobre alguien que dice que no y todo lo que hay detrás de eso. Pero cuando empiezo a escribir me entra algo así como "verborrea", creo que me cuesta resumir, aunque luego el resultado parece ser de síntesis.

DD: Quisiera volver al tópico viaje, puesto que en tu libro es una obsesión. Dentro del tópico, ¿cómo ves el viaje de la emigración, que tratas en varios cuentos?

MFP: Yo creo que habría un asunto de emigración para cada emigrado. Porque existen causas generales y causas particulares por las cuales un grupo de personas, sometidas a las mismas condiciones no toman la misma decisión. Hay personas que no se han ido porque no pueden y no porque no quieran, existe entonces una emigración potencial. Los cuentos que toman ese tema están publicados casi por el orden en el que los escribí. Sobre el cuento "El día que no fui a Nueva York", Nueva York era la ciudad a la que más yo había querido ir en mi vida; creo que quería ir desde que vi "King Kong" en la versión del 1933. Un día me llamaron a las 12 de la noche, yo estaba en el arreglo de los papeles, esperando la visa de los Estados Unidos, que siempre es una caja de sorpresas. Cuando me llamaron a esa hora me dijeron, ya tienes visa, recógela a la 7 de la mañana, vete para la Agencia de Pasajes, saca el pasaje y vete al aeropuerto. Todo eso en tres horas. Mi madre se paró en la puerta y me dijo: "Mira que tú tienes suerte, porque ese es el sitio al que siempre has querido ir." Entonces escribí en el cuento el deseo de ir a Nueva York, pero lo que escogí fue la idea de una obsesión, quería contar la relación que uno tiene con lo que más ansía en el mundo y que en el momento en el que lo tiene ya empieza a pensar en otras cosas. La relación con lo que se quiere, con lo que se tiene, que es una relación ambivalente, ¡tan contradictoria!

Luego los cuentos de Miami salieron a raíz de la visita que ya conté. No me atraía especialmente la ciudad, pero yo quería tener "mi Miami", no quería que fuera la suma de los Miamis de todo el mundo. Fue un *shock*, después me pasé dos años sin poder escribir. Luego volví a visitar Miami y fui a España, después de ese regreso me di cuenta de que todo lo que tenía de Miami ya lo podía escribir. En Miami no fui una turista clásica, me moví entre un grupo de personas casi con su mismo horario de traba-jo, con sus cansancios, con sus angustias. Tal vez el que está aquí en Cuba y recibe a alguien de Miami, lo ve diferente. Vienen con otra historia, vie-nen a resolverle los problemas a la familia. Yo estuve en sus casas, tenía historias muy buenas y cada uno había asumido la emigración de diferen-te manera. Hay gente que todavía no sabe por qué se fue, otra para que la cual lo mejor que le ha pasado ha sido irse, hay para quienes ha sido lo peor que les ha pasado. Hay quienes se irán acostumbrando con el tiem-po y quien nunca se acostumbrará. Hay quien iba a estar mal en cualquier parte y bien en cualquier otra.

DD: ¿Quieres decir que abordaste la emigración más por las obsesio-nes de las personas y sus problemas personales, por el universo humano, que como un hecho político?

MFP: Me interesaba el universo humano del cambio de sitio y cómo se asimila que hasta la semana pasada se estaba en un entorno geográfico tal, con un círculo de personas, y de pronto todo se vuelca. Allí tienes lo que aquí te faltaba, allí te falta lo que aquí tenías, te has mudado geográ-ficamente, sobre todo en Miami, que la cultura es tan... brusca. Miami en abstracto es un sitio agresivo para con Cuba, sin embargo, cada una de las personas que vive en Miami tiene una actitud con los cubanos que ha de-jado aquí, que es como para escribir la historia de la responsabilidad en la emigración. Viven si el otro aquí se toma una Vitamina C, o si el niño tie-ne juguetes... Cómo a nivel personal pueden tener esa relación tan visce-ral, tan intensa, y como grupo pueden tenerle tanto odio al otro grupo. Es una relación de amor-odio. De entrega y rechazo.

DD: ¿Quieres decir que esa relación se transmite a lo espacial, o quizás es temporal? Se mira desde la adultez hacia atrás y se traspone al mundo que no se puede recuperar, pero los mundos coexistentes geográficamente que siempre están ahí, sí se pueden conectar con el viaje. En ese sentido, ¿crees en la posibilidad de cambiar de lugar y con ello cambiar la vida?, pues como dice *El Buscón* de Quevedo: nadie cambia la vida con cambiar de lugar.

MFP: Sí, se cambia, tengo ejemplos allí mismo. Escribí los cuentos en una prosa más dura y como neurótica, porque esa neurosis es la que se respira allí, y cambias, porque uno es solo una persona que vive en un entorno que obliga a vivir a otra velocidad, a tener otras preocupaciones y aspiraciones, a tener que medirse por raseros distintos. Entonces sucede lo que conocemos, la edulcoración a distancia, y que puse en el cuento "Mare Atlánticum": "La Habana vista desde lejos no tiene incomodidades cotidianas...". Entonces La Habana no es un lugar en el que pasaste la tarde esperando el autobús que no vino, La Habana es una tarde en la que estabas sentado en tu casa, llegaron los amigos y se pusieron a escuchar a los Beatles.

DD: Precisamente con los que se han ido, a veces se da el fenómeno contrario: borrar el recuerdo. Tal vez porque construyen una leyenda dorada y tampoco quieren construir una leyenda negra, en todo caso borran.

MFP: Tengo un amigo en España al que le empecé a contar de Cuba, me dijo que no le contara nada: "yo nací hoy y aquí". Es un mecanismo de supervivencia. La gente llega a Miami y luego me parece que el primer viaje a La Habana les es muy interesante, el viaje es un acto de confirmación de si hicieron lo correcto o no. Algunos que visitaron La Habana, cuando regresaron a Miami estaban convencidos de haber hecho lo correcto. Pueden comparar, no todos pueden tener el mecanismo del olvido. Yo tengo una memoria que más que una virtud es un defecto, siempre me está tirando hacia atrás. Pero admiro a las personas disciplinadas que dicen: estoy aquí, todos los recuerdos de diez meses atrás son un fardo pesado como para seguir adelante y pues, borrón.

DD: ¿Quiere eso decir que cuando tú escribes sobre los que están en la emigración, no actúa en ti una valoración intelectual, pensando en toda una literatura cubana que desde el siglo XIX ha mostrado la nostalgia de la Isla, y que ahora es muy fuerte en la literatura de la *diáspora,* como nostalgia de La Habana, de Cuba? ¿Es un acto de experiencia vital?

MFP: Las dos cosas, porque todos los cuentos están signados por la nostalgia y la novela que estoy escribiendo es una novela sobre La Habana, es como un personaje que siempre te sigue como si uno fuera un imán.

DD: ¿Tú eres una viajera a La Habana por ser pinareña? ¿Esto es significativo también en tus cuentos? En el cuento "Alejandro Magno" trazas una idea muy característica de una mañana laboral en La Habana.

MFP: Vine a La Habana desde Pinar del Río cuando tenía cinco años y siempre he vivido en la misma casa. A veces lo que sucede es que la gente me confunde, como si yo fuera extranjera. Yo pudiera ser casi la cubana clásica, por estatura, por peso, por figura, por todo, pero de repente me han preguntado si era extranjera: no; cubana; sí, ¿pero cubana de Cuba o cubana de Miami? Esto me lo preguntaban hasta en España. Y debe ser por la manera en la que sigo mirando a la ciudad. No es el sitio en el que uno camina, sino donde mirar una reja, un edificio Art-déco clásico, algo así. Sigo maravillándome con la ciudad. Miro frente a mi casa un árbol con flores como de papel que miro todos los días. La Habana es para mí una ciudad fascinante.

En el cuento "Alejandro Magno" traté de hacer un poco de filosofía, es como cuando la gente por un evento fortuito de la vida que no tiene que ver con lo que uno es, cambia de opinión. Estás sentado en una esquina y todo el mundo te ignora, pero de repente llega la persona más importante de la reunión y se dirige a ti y todo el mundo cambia. Uno sigue siendo el mismo, pero cosas azarosas hacen que la gente se preocupe no por cómo eres, sino por quién eres.

DD: Y la novela, ¿cómo será?

MFP: Es que una vez me encontré una frase de Santa Teresa que decía: "Se derraman más lágrimas por las plegarias atendidas, que por los deseos no concedidos". Tiene que ver con la filosofía que tengo: nada viene solo, siempre te pide algo a cambio. Pensé llamar a la novela "Plegarias atendidas". Cuando descubrí para mí a Truman Capote y lo empecé a adorar –una noche haré un conjuro satánico para que reviva–, pues viendo el documental sobre su vida, me enteré de que la última novela suya se llamaba *Plegarias atendidas*, y la cita era la de Santa Teresa. Me dije, ¡pues me ha quitado el título! La novela de Capote la encontré de casualidad en España y me pareció una maravilla, pero ya no podía usar ese título. Yo quería contar eso de gente que se mueve, que se va a un sitio, dije, pues "Al otro lado del espejo", porque a la larga estamos parados frente al azogue, creemos que tenemos al otro lado un mundo insondable cuando lo atravesamos, cuánto podemos perseverar al atravesar ese mundo, que luego es de otra manera. Un poco Alicia.

DD: Y un poco Borges.

MFP: Bueno, pero como tengo mi arrreglo con los cuentos infantiles, empecé con una cita de Alicia. Se trata de cuando Alicia sale corriendo con la Reina Roja: "Qué extraño, ¿por qué corren y se quedan en el mismo sitio?" Eso es otra cosa, de pronto se llega a otro lugar, se sigue siendo uno mismo. Alicia y la Reina Roja salen corriendo y Alicia dice: "En mi país, cuando uno corre a esta velocidad que hemos corrido nosotras se termina en otra parte", y la Reina le dice: "¡Qué país tan lento! Aquí si tu quieres llegar a otro sitio tienes que correr el doble de rápido". Todo eso me parece insondable, está todo. Por mucho que corras, a dónde llegas. ¿A qué velocidad se mueve uno en los diferentes lugares? Alicia tiene que cambiar si quiere llegar a otro lugar. Con eso más o menos empiezo la novela. Si me preguntas de qué trata la novela esencialmente, pues de amor, de amor propio. La novela transcurre en La Habana y de manera paralela en los Estados Unidos y en un sitio de Europa al que no le quiero dar nombre porque pienso –no sé si este juicio será acertado– que la emigración en los Estados Unidos tiene sus características, y que en Europa más o menos viene teniendo otras características generales comunes. O sea, una persona que vive en Roma, la historia contada en rasgos generales, puede ser como la que vive en París, pero la historia de esas personas nada tiene que ver con la que vive en Miami. Aparte de que he estado viajando mucho a España y no quería que pensaran que estaba usando hechos que ocurrieran de verdad. No he querido manejar ni la lengua que habla la persona, digo que es una lengua incomprensible, he cuidado los detalles para que no se devele ciudad alguna. Es un viaje a otro sitio y es un viaje a uno mismo, a la persona que uno se va volviendo cuando está en otro lugar.

DD: En ese sentido, estás en la inteligencia de que una gran porción de la literatura femenina de la última década del siglo pasado utilizó mucho títulos o referencias a la mujer ante el espejo. ¿Estás huyendo de eso o tiene que ver con eso?

MFP: No tiene que ver, ni lo había pensado. Es que los espejos son cosas atrayentes, tampoco el espejo es uno, depende de la diversidad del azogue, si el espejo es cóncavo o convexo... Con Alicia lo que sucede es que ella se vuelve niebla y ella atraviesa el espejo, ante eso me quedo en suspenso.

DD: ¿Qué pregunta te harías a ti misma como escritora para esta entrevista?

MFP: No sé qué podría faltar en esta entrevista. Como persona tengo un millón de preguntas que hacerme. Es que siempre estoy recordando el pasado, no me ocupo del presente, como si no pudiera hacer algo con él y en todo caso estoy preocupada por un futuro muy lejano. Es algo así como un Haikú japonés que dice más o menos: "Si no vas por la vida cargado de cosas inútiles / cada estación es tu buena estación".

2. CREACIÓN

Nancy Alonso

La narradora cubana Nancy Alonso nació en La Habana en 1949. Ha publicado el libro de cuentos *Tirar la primera piedra* (La Habana, 1997), que obtuvo Mención en el concurso David (1995). Figura en las antologías *Estatuas de sal* (La Habana, 1996), *Rumba senza palme nè carezze* (Italia, 1996), *Cubana* (Boston, 1998), *Cuentistas cubanas contemporáneas* (Salta, Argentina, 2000). Tiene otro libro de cuentos en preparación.

Domicilio desconocido

Nancy Alonso (La Habana)

BUENAS tardes. Para serle sincera, no sé por dónde empezar. Lo primero es agradecerle la gentileza de concederme esta entrevista. Usted debe estar muy ocupado como director de varios programas en esta emisora radial. Cuando le mandé el recado con mi vecino, el productor, no tenía muchas esperanzas de que me recibiera. Y menos si ya usted sabía de quien quiero hablarle.

Yo nunca conté esta historia. Cosa rara, con lo que me gusta hacer cuentos. Aunque, a decir verdad, los de Etiopía son un punto aparte. Guardé silencio todos estos años por reservarle la primicia de la anécdota a su protagonista involuntaria. En espera de una buena ocasión, por una cosa o por otra, no se lo conté a ella. Hasta hace poco existió la posibilidad de hacerlo. Todo radicaba en proponérmelo. Ahora, ya ve, las cosas han cambiado y por eso acudo a usted buscando ayuda. Si me hubiera dejado llevar por el impulso, la mismísima noche en que disfruté aquella alegría, una de las mayores que sentí en Africa le habría escrito narrándole lo sucedido. Pero tuve miedo no saber expresarme bien y hasta de hacer el ridículo. Porque eso de que ella recibiera una carta aquí, en la emisora, firmada por una desconocida, con un relato semejante, vaya usted a saber qué efecto le hubiera producido. Preferí esperar para contárselo personalmente a mi regreso. Y como me entusiasmaba tanto la idea de devolverle mi gratitud a cambio de la felicidad que me hizo sentir, construí en mi mente cada detalle de nuestro encuentro. Nada, quería que fuera algo lindo de veras.

Una vez en Cuba, fui postergando el momento de buscarla para hacerle aquella historia. ¿Usted ha cumplido alguna misión en África? ¿No? Entonces no puede saber. ¿Me cree si le digo que a partir de mi retorno durante más de seis meses tuve la impresión de estar todavía en Etiopía? No me adaptaba, no. Hablaba poco con mis familiares y amigos, excepto con mis compañeros de misión, claro está. Creía que sólo ellos podrían comprender que existiera esa extraña sensación de no-pertenencia a mi propio país. Además, la rutina de acá apenas dejaba espacio para hablar de los recuerdos africanos. Bastantes dificultades se habían acumulado en los dos años de mi ausencia. Le estoy hablando del año 1991. Imagínese usted: recién había comenzado el "período especial". Todos estaban demasiado ensimismados en sus problemas como para prestar atención a horrores lejanos. Cuando finalmente logré conectarme con esta realidad, me pareció menos espectacular el cuento y perdí un poco de entusiasmo por buscarla a ella y revelárselo.

Con el tiempo comprendí mi error. Si bien para cada cual la Gran Guerra es la que le derrumba el techo de su casa, como dice Antonio Gala, el ser humano es capaz de conservar un increíble sentido solidario. Por lo demás, ¿tiene idea de cuántos cubanos han estado en África? A ver, dígame un aproximado. Entre militares y civiles, ¿No adivina? Unos cuatrocientos mil. No sé si calcula el significado de esa cifra. Mire, cuando usted va montado en un "camello", de esos bien llenos con casi trescientas personas dentro, por lo bajito doce de ellas comparten la experiencia africana. No se puede creer ¿verdad? Lo curioso es que no importa si estuvieron en Angola, Tanzania, Zambia, Cabo Verde, Mozambique o Ghana. Hay mucho de común en las vivencias. Por ejemplo, apuesto cualquier cosa a que la palabra más veces pronunciada y pensada por los cubanos en todos esos países, es *Cuba*. Uno cuenta los días que faltan para el regreso a Cuba, espera cartas de Cuba, sueña con Cuba, hace planes para cuando esté en Cuba, quiere tener noticias de Cuba, teme por Cuba. Es una verdadera obsesión. Y precisamente esto tiene relación con mi visita de hoy.

A mí la nostalgia por Cuba me mordió antes de salir de aquí. Metí en la maleta afiches, postales y abanicos de mar para tener algunos pedacitos de la Isla a mi lado. Me llevé varios cassettes con mi música preferida donde no faltaban por supuesto, el Bola, María Teresa, Omara, Elena, José Antonio, Pablito y Silvio. Ni sé las veces que escuché esos cassettes y las horas que pasaba contemplando una imagen del Morro con el Malecón y ese mar increíble. Dejé instrucciones precisas a mi familia para que me enviaran, semanalmente, óigalo bien, se-ma-nal-men-te, los periódicos más enjundiosos de entonces: el "Gramma" del sábado, el "Juventud Rebelde" del domingo, el "Tribuna de La Habana" también dominical, y el "Trabajadores" del lunes. Se podría dar cuenta de mi preocupación por no saber, a mi regreso, lo ocurrido en este país durante los años. A veces pienso si de verdad todo aquello me ayudaba a espantar el gorrión o, por el contrario, lo alimentaba. Quién sabe.

En fin, le hablo de esto para que comprenda cuán decidida estaba yo, desde los preparativos de mi viaje, a mantenerme conectada con Cuba. ¿Qué le voy a contar entonces de lo sucedido cuando me vi en el cuerno africano? Vivía pendiente del correo. Sin embargo, las cartas y los periódicos me dejaban cierta amargura cuando veía las fechas. A veces se tardaban más de un mes. ¿Entiende? Siempre era información atrasada. Las llamadas telefónicas sí me permitían tener noticias frescas. Era como estar en Cuba aunque fuera por los seis minutos de comunicación. Sólo que eso ocurría una vez al mes, o en el mejor de los casos cada quince días. No más. ¿Sabe lo que hacíamos en la brigada? Pues cada uno de los que recibíamos llamadas concertábamos las citas para diferentes fechas y así nos manteníamos más cerca de Cuba. Quizás le parezca una locura. Así mismo era, una locura.

A lo anterior súmele el despiste total sobre lo que ocurría a causa del idioma. Nos comunicábamos con los etíopes en inglés o con traductores del inglés a los dialectos locales. Del amahárico, la lengua oficial, sólo conocíamos escasas palabras. Era difícil para nosotros porque no tiene nada que ver con el español, ni siquiera el alfabeto. No podíamos leer el periódico, y el televisor de la brigada nada más se encendía cuando transmitían en inglés. Y para eso el noticiero era pésimo y hablaban tan enredado que ni a derechas entendíamos. El mundo podía derrumbarse y nosotros, si acaso, nos enteraríamos por las conversaciones con los etíopes.

Aquello era demasiado para mí. Entonces se me ocurrió la idea del radio. Sí, de comprarme un radio. Con onda corta, claro, para escuchar las estaciones internacionales. Aún recuerdo como si fuera hoy el día de la compra del flamante Philips de color negro y plateado. El dueño de la tienda era un etíope musulmán llamado Kaid. Bajito, de bigote recortado, muy amable. Me explicó las ventajas de aquel radio portátil de tres bandas con garantía de un año. No lo pensé dos veces y desembolsé los ciento cincuenta birr. Casi la mitad de mi salario mensual.

Mi vida en África cambió totalmente con el Philips. ¿Se ríe? Pues le hablo en serio. Con la llegada del radio a mi cuarto comencé a localizar las emisoras y durante un par de semanas me dediqué a anotar en un papel los horarios y las frecuencias de los programas que más me gustaban. Sobre todo los informativos y los musicales. Tempranito por la mañana, antes de salir hacia las clases, oía el "Servicio para América Latina" de *Radio Moscú* en español. Al regresar por la tarde me apresuraba a sintonizar *Radio Exterior de España* y los domingos no me perdía el "Diario Hablado" de esa misma emisora. A las nueve de la noche escuchaba las noticias de la *BBC*, precedidas por la inconfundible musiquita, los cuatro golpes de un reloj y la voz del locutor diciendo la hora por el meridiano de Greenwich y el anuncio de "This is London". A las diez ponía *Radio Francia Internacional* y trataba de cultivar mi francés estudiado en la Alianza. Ya a las once, para dormir, me acompañaba una emisora africana, que a esa hora trasmitía en inglés un noticiero breve y luego un programa musical excelente, *The Voice of Kenya*, Nairobi.

Eran mis audiciones radiales digamos sistemáticas. Además se añadían, en las madrugadas sin sueño, la compañía de *Radio Netherland, The Voice of America* y otras en italiano y portugués, cuyo nombre no recuerdo ahora. De esa forma fui calmando mi necesidad de saber qué diablos estaba pasando en el mundo, mas casi nada sobre Cuba. Nosotros aquí creemos ser algo así como el ombligo del universo. Y de eso nada. Yo me pasaba días y días con la oreja pegada al Philips y no escuchaba la palabra Cuba. Como si no existiera en la geografía. Mire, una vez a un compañero lo llamó su esposa desde Pinar del Río para decirle que la Isla estaba rodeada por barcos militares yanquis y se había decretado una alarma combativa por lo peligroso de la situación. ¡Para qué fue aquello! El verdadero zafarrancho de combate se armó en la brigada. Cundió el pánico. Inmediatamente se decidió montar una especie de guardia radial, de la cual yo era responsable, para monitorear las más importantes emisoras y tener noticias de los sucesos. Para nuestra sorpresa, de Cuba no se decía absolutamente nada. Menos mal que a los dos días entró otra llamada y supimos que se trataba de unas maniobras militares de rutina desde la Base Naval de Guantánamo. La sangre no iba a llegar al río.

Por esa época visitaba mucho nuestra brigada Dawit, un etíope graduado de agrónomo en Cuba, lleno de nostalgias por su segunda patria. Un día me confesó que mitigaba su tristeza cuando a veces podía captar *Radio Habana-Cuba* por las madrugadas. Ahí mismo le pedí los datos de la banda y frecuencia, e incorporé una nueva obsesión en mi trastornada cabeza: escuchar noticias de Cuba desde Cuba. Noches enteras me las pasé en vela tratando de captar la ansiada señal. Todos los intentos resultaron infructuosos durante meses y meses. Me daba tremenda pena con la gente de la brigada cuando me preguntaban ¿pudiste oír *Radio Habana-Cuba* anoche? Tenía usted que haber visto sus caras cuando recibían mi negativa por respuesta. El caos y la desolación.

¿Lo aburro con tanta perorata? No se preocupe, ya viene la historia en cuestión, la que me trajo a verlo. Mis amigos dicen que hago los cuentos interminables. Pero cómo iba a entender usted la trascendencia de lo sucedido si desconocía todo lo anterior, la psicología de los cooperantes internacionalistas. En relación con Cuba, quiero decir.

Vamos al grano. Una madrugada, como a eso de las dos, me desvelé. En Cuba, serían las seis de la tarde del día anterior. Encendí mi Philips buscando entretenerme un rato mientras me entrara sueño de nuevo. Sintonicé a ciegas una estación que trasmitía en ese momento música instrumental agradable. Y ahora viene lo mejor. Puede creerme o no esto que le voy a contar, pero le juro que antes de darme cuenta de nada yo sentí una opresión muy grande en el medio del pecho. El corazón se me desbocó sin yo saber por qué. Una fracción de segundo después identifiqué los acordes de presentación de esta emisora, sí, de la suya, y a continuación la voz cálida de una mujer, ya sabe de quién, que decía: "Está escuchando *Radio Habana-Cuba*". Todavía hoy me conmueve recordar aquello. Era como si ella me hablara a mí desde Cuba, ¿Entiende? Un mensaje muy especial en un noticiero de cinco minutos. Lloré de felicidad. Le agradecí a esa voz su existencia, pues era una forma de mostrarme la de Cuba. Allí estaba Cuba, estaba *Radio Habana-Cuba*, y estaba esa excelente locutora, una de las mejores voces de nuestra radio y televisión. Segura, con una dicción perfecta, de una entonación precisa, como siempre. De tanta emoción no me dormí aún después de salir del aire la emisora.

Quizás se esté preguntando adónde va a parar todo esto. Como le dije al principio nunca le conté a ella esta historia. Y ahora ya no se la puedo contar porque como usted sabe, se ha ido de Cuba. Se cansó o se aburrió, no lo sé. El asunto que se fue y me he puesto a pensar si donde quiera que esté no añorará a Cuba, no soñará a Cuba, no necesitará de Cuba. Por eso tal vez sería bueno hacerle llegar esta anécdota. Para ayudarla a espantar el gorrión o para alimentarlo. Quién sabe. Pero no sé a dónde escribirle. En Etiopía sí sabía. Le habría escrito aquí, a esta emisora, y ella hubiera comentado con usted y el resto de sus compañeros de trabajo, la carta de una internacionalista obsesionada con Cuba. No, no importa si no tiene su dirección, ya me lo imaginaba. He pensado en algo mejor. ¿Y si usted incluyera este relato en alguno de sus programas? Sin decir el nombre por supuesto. Puede que desde donde esté, ella escuche *Radio Habana-Cuba* y así conozca esta historia que le pertenece. Seguro nos lo va a agradecer, ¿verdad?

Mirta Yáñez

La narradora, poetisa, y ensayista Mirta Yáñez nació
en La Habana en 1947. Yáñez es Doctora en Ciencias
Filológicas y especialista en Literatura Latinoamericana
y Cubana, así como en estudios acerca del discurso femenino. Periodista y profesora universitaria, ha participado en seminarios y coloquios en universidades de
Europa, Estados Unidos y América Latina. Ha sido jurado en diversos concursos literarios, entre ellos del
"Premio Casa de las Américas" y del "Premio de la
Crítica". Cuenta con una amplia obra, traducida parcialmente a otros idiomas y premiada en certámenes literarios de su país. Ha obtenido dos veces el "Premio
de la Crítica", importante galardón cubano, por *El diablo son las cosas* (1988) y *La narrativa romántica en
Latinoamérica* (1990). Ha publicado también *Todos los
negros tomamos café* (1976), *La Habana es una ciudad
bien grande* (1981), *Narraciones desordenadas e incompletas* (1997) cuentos; *Antología del soneto hispanoamericano* (1988), *Estatuas de sal. Cuentistas
cubanas contemporáneas* (1996), *Álbum de poetisas cubanas* (1997), *Cubana* (USA, 1998), entre otros textos
de crítica e investigación literaria; *La hora de los mameyes* (1983), novela; *Serafín y su aventura con los caballitos* (1979), *Poesía casi completa de Jiribilla el
Conejo* (1995), literatura para niños; *Las Visitas* (1971)
y *Las visitas y otros poemas* (1986), *Algún lugar en rui-
nas* (1997), poesía; y *Una memoria de elefante* (1991),
testimonio.

Nada, salvo el aire

Mirta Yáñez (La Habana)

TODO fue encajando. Necesitaba hacer tiempo y la Morgan Library, en la esquina de Madison y la 36, quedaba apenas a ocho cuadras del parque Bryant donde tenía la cita con K. No desaproveché la oportunidad que me regalaba el destino de ver con mis propios ojos los manuscritos de Poe, la apretada y nerviosa caligrafía que dibujaba la palabra *nevermore*.

Todavía sobrecogida por la contigüidad con el Maestro, caminé por la 5ta avenida hasta la 42. Nadie parecía darse cuenta que un cuervo volaba tras mis pasos.

Y allí estaba yo, con mis lúgubres pensamientos sobre el abandono, en un banco del parque Bryant, al final de aquella helada tarde de la primavera neoyorquina. K. no llegaba, y creo que nunca llegó. Aunque daba igual: sobre mi cabeza, en las peladas ramas del árbol, me acompañaba el Cuervo.

"Cuervo solo, cuervo viudo", dijo el vagabundo. No se dirigía a nadie en particular. Estaba vestido todo de negro; por lo demás, como yo misma y la mayoría de los transeúntes de New York. Bebía a pequeños sorbos de una botella plástica un líquido transparente que parecía agua, pero olía a aguardiente barato. Fumaba un cigarrillo tras otro que sacaba de un maletín colocado encima de un bulto de trapos y papeles acomodados en un carrito de supermercado donde parecía acumular todas sus pertenencias en este mundo.

El aire se enrareció y el Cuervo soltó un graznido punzante. El vagabundo levantó un dedo hacia mí y me preguntó:

"¿Has maldecido a las potencias celestes?"

Contesté sinceramente que no, con la cabeza.

"¿Has bebido hasta hundirte en el cieno de la inconsciencia?"

Volví a negar.

El vagabundo frunció el ceño con desaprobación y yo pensé que no pasaría la prueba. Me dio otra oportunidad:

"¿Alguna vez has intentado doblegar el dolor del alma con el dolor físico?"

Con alivio le respondí que sí.

El vagabundo dirigió al Cuervo una mirada cómplice. "Las certidumbres, dijo, siempre entrañan sufrimiento, sea cual sea la verdad alcanzada. Van Gogh... —y, con la mano tan blanca que se transparentaban las venas, realizó un gesto como abarcando una bandada de aves en los celajes del atardecer— el último año de su vida pintó a unos cuervos en el trigal. Los cuervos no abandonan..."

Sin darme cuenta se había hecho de noche. Quise retornar al orden natural, al de aquellos paseantes despreocupados o de prisa. El vagabundo entonces, como dando por cerrada la conversación, citó de memoria los mismos versos que yo acababa de leer, hacía apenas unas horas, en la Morgan Library: *Nada, salvo el aire que encubre la mágica soledad*. Me miró y yo, como si hubiera visto a un fantasma, palidecí.

Autoras del volumen

Irina Bajini

Irina Bajini es doctora de investigación en literaturas ibéricas. Experta en teatro musical español y traductora, ha escrito diversos artículos y un ensayo sobre ritos y leyendas de la santería cubana. Es autora de un diccionario de cubanismos y de un manual de conversación; acaba de publicar la primera edición italiana de *Veinte poemas para ser leídos en el tranvía* de Oliverio Girondo.

Daniela M. Ciani Forza

Daniela M. Ciani Forza teaches history of North American culture at the University of Ca' Foscari, Venice. She has researched on Modern and Contemporary North American poetry, rethoric and ethics in North American literature and anglophone literatures. She has published works on E. Pound, L. Riding, K. Rexroth, early American agiography, Indian poetry in English. She is presently working on influences and relationship between Latin-American and North American.

Diony Durán

Es profesora de Literatura Latinoamericana de la Universidad de la Habana. Entre 1997 y 1999 fue profesora invitada de la Universidad de Rostock. Está especializada en narrativa y ensayo latinoamericanos. Ha publicado numerosos artículos sobre la literatura latinoamericana y la monografía *Literatura y sociedad en la obra de Pedro Henríquez Ureña*.

Susanna Regazzoni

Enseña Literaturas Hispano-Americanas en la Universidad Ca' Foscari de Venecia y Lengua y Literatura Española en la Universidad de Feltre

(Italia). Su campo de investigación es la literatura española y la literatura hispanoamericana en particular de los siglos XIX y XX. Especial interés ha prestado a la narrativa escrita por mujeres desde Sor Juana Inés de la Cruz pasando por las románticas hispanoamericanas como Clorinda Matto de Turner y Juana Gorriti, hasta llegar a las contemporáneas como Rosa Montero, Nuria Amat, Mayra Montero, Mirta Yáñez.

María de Carmen Simón Palmer

María del Carmen Simón Palmer es investigadora del Instituto de la Lengua Española del CSIC (Madrid). Realiza la Bibliografía de la Literatura Española desde 1980 y es autora de quince libros y más de un centenar de artículos. Acaba de publicar las últimas disposiciones testamentarias y el reparto de bienes de Gertrudis Gómez de Avellaneda en la *Revista de Literatura*, primero de una serie con documentos inéditos sobre esta autora cubana.

Maida Watson

Maida Watson teaches history of Latin-American literature at the International University of Florida (FIU). She has researched on XIX c. literature, theater (Peru and Cuba) and *costumbrismo*. She has published works on Baronesa de Wilson. She is presently working on influences and relationship between Cuban and North American culture.

TCCL
TEORÍA Y CRÍTICA DE LA CULTURA Y LITERATURA
Investigaciones de los signos culturales (Semiótica-Epistemología-Interpretación)

TCCL
THEORY AND CRITICISM OF CULTURE AND LITERATURE

DIRECTORES:

Alfonso de Toro, *Centro de Investigación Iberoamericana, Universidad de Leipzig*
Fernando de Toro, *The University of Manitoba, Winnipeg, Canada*

1. E. Cros: *Ideosemas y Morfogénesis del Texto.* Frankfurt am Main 1992, 203 p.

2. K. A. Blüher/A. de Toro (eds.): *Jorge Luis Borges. Variaciones interpretativas sobre sus procedimientos literarios y bases epistemológicas.* Frankfurt am Main/Madrid ²1995, 212 p.

3. A. de Toro: *Los laberintos del tiempo. Temporalidad y narración como estrategia textual y lectora en la novela contemporánea.* Frankfurt am Main 1992, 268 p.

4. D. Castillo Durante: *Ernesto Sábato. La littérature et les abattoirs de la modernité.* Frankfurt am Main/Madrid 1995, 154 p.

5. F. de Toro/A. de Toro (eds.): *Borders and Margins. Post-Colonialism and Post-Modernism.* Frankfurt am Main/Madrid 1995, 205 p.

6. A. K. Robertson: *The Grotesque Interface. Deformity, Debasement, Dissolution.* Frankfurt am Main/Madrid 1996, 132 p.

7. J. Joset: *Historias cruzadas de novelas hispanoamericanas.* Frankfurt am Main/Madrid 1995, 202 p.

8. E. Höfner/K. Schoell (Hrsg.): *Erzählte Welt. Studien zur Narrativik in Frankreich, Spanien und Lateinamerika.* Frankfurt am Main 1996, 320 p.

9. E. Aizenberg: *Borges, el tejedor del Aleph. Del hebraísmo al poscolonialismo,* Frankfurt am Main/Madrid 1997, 176 p.

10. J. M. Chevalier: *A Postmodern Revelation: Signs of Astrology and the Apocalypse.* Frankfurt am Main/Madrid 1997, 418 p.

11. A. de Toro (ed.): *Postmodernidad y Postcolonialidad. Breves reflexiones sobre Latinoamérica.* Frankfurt am Main/Madrid 1997, 288 p.

12. W. Krysinski: *La novela en sus modernidades. A favor y en contra de Bajtin.* Frankfurt am Main/Madrid 1998, 256 p.

13. L. Pollmann: *La separación de los estilos. Para una historia de la conciencia literaria argentina.* Frankfurt am Main/Madrid 1998, 152 p.

14. P. Imbert: *The Permanent Transition.* Frankfurt am Main/Madrid 1998, 122 p.

15. F. de Toro (Ed.): *Explorations on Post-Theory: Toward a Third Space.* Frankfurt am Main/Madrid 1999, 188 p.

16. A. de Toro/F. de Toro (eds.): *Jorge Luis Borges: Pensamiento y saber en el siglo XX.* Frankfurt am Main/Madrid 1999, 376 p.

17. A. de Toro/F. de Toro (eds.): *Jorge Luis Borges: Thought and Knowledge in the XXth Century.* Frankfurt am Main/Madrid 1999, 316 p.

18. A. de Toro/F. de Toro (eds.): *El debate de la postcolonialidad en Latinoamérica.* Frankfurt am Main/Madrid 1999, 408 p.

19. A. de Toro/F. de Toro (eds.): *El siglo de Borges. Vol. I: Retrospectiva-Presente-Futuro.* Frankfurt am Main/Madrid 1999, 602 p.

20. A. de Toro/S. Regazzoni (eds.): *El siglo de Borges. Vol. II: Literatura-Ciencia-Filosofía.* Frankfurt am Main/Madrid 1999, 224 p.

21. Valter Sinder: *Configurações da narrativa: Verdade, literatura e etnografia.* Frankfurt am Main/Madrid 2001, 128 p.

22. Susanna Regazzoni (ed.): *Cuba: una literatura sin fronteras. Cuba: A Literature Beyond Boundaries.* Frankfurt am Main/Madrid 2001.

OTROS LIBROS SOBRE CUBA
PUBLICADOS POR IBEROAMERICANA EDITORIAL VERVUERT

Adler, Heidrun; Herr, Adrián (eds.): *De las dos orillas: Teatro cubano.* 1999, 224 p. (Teatro en Latinoamérica, 5) ISBN 8495107384.

Altenberg, Tilmann: *Melancolía en la poesía de José María Heredia.* 2001, 326 p. (Ed. de Iberoamericana, A, 27) ISBN 3893548874.

Ette, Ottmar; Heydenreich, Titus (eds.): *José Martí 1895/1995. Literatura - Política - Filosofía - Estética. Edición a cargo de Ottmar Ette y Titus Heydenreich.* 1994, 297 p., 31 fotos (Erlanger Lateinamerika-Studien, 34). ISBN 3893547347.

Ette, Ottmar (ed.): *La escritura de la memoria. Reinaldo Arenas: Textos, estudios y documentación.* 1996, 232 p. (americana eystettensia, B, 3) ISBN 8488906277.

Ortiz López, Luis A.: *Huellas etno-sociolingüísticas bozales y afrocubanas.* 1998, 204 p. (Lengua y Sociedad en el Mundo Hispánico, 2) ISBN 848890682X.

Perl, Matthias; Schwegler, Armin (eds.): *América negra: panorámica actual de los estudios lingüísticos sobre variedades hispanas, portuguesas y criollas.* 1998, XII, 380 p., gráf. (Lengua y Sociedad en el Mundo Hispánico, 1) ISBN 8488906579.

Reinstädler, Janett; Ette, Ottmar (eds.): *Todas las islas la isla. Nuevas y novísimas tendencias en la literatura y cultura de Cuba.* 2000, 218 p. ISBN 3893541187.